JICAプロジェクト・ヒストリー・シリーズ

未来ある子どもたちに「新しい体育」を

体育がつなげた仲間たちの カンボジア体育の歴史

西山　直樹

NISHIYAMA Naoki

はしがき

　アンコールワットなどの世界遺産で知られ、近年は東南アジアを代表する観光地ともなっているカンボジア。しかし、1976年から約3年間続いたポルポト政権時代に、多くの学校が破壊または閉鎖され、教員をはじめとする知識人の命が奪われたという、凄惨な過去を持つ。JICAは1993年から現在に至るまでカンボジアに対し、農業、保健、教育、環境、地方開発など、多岐にわたる分野での協力事業を展開してきた。その中でも、一国を立て直すうえで未来を担う子どもたちを取り巻く教育支援は急務であった。

　紛争により、教育政策に関する文書等も残されていない中、1991年のパリ和平協定の締結以降、教育の立て直しが進められてきたが、それは一筋縄には行かなかった。

　同国における教育の立て直しにおいて優先されたのは、語学や算数といった座学であり、子どもの心身の発達や情操教育にかかる美術・音楽・体育などの教科は余暇の要素が多いとして、後手に回ったという。しかし体育は、各種目の決められたルールを守りながら、仲間と切磋琢磨し、心身の発達を目指すものである。できなかったことができるようになる喜びを味わい、仲間と共に喜び互いを称えあうという経験は、子どもたちの協調性、社会性、自己肯定感を育むために重要な学びである。

　本書の著者、西山氏が属するNPO法人ハート・オブ・ゴールドは、JICA草の根技術協力事業を活用して、カンボジアの体育科教育の普及に取り組んできた。実際に子どもたちへの授業を行う教員らが、体育の授業を受けた経験もないカンボジアにおいて現地の行政官や教員に体育科教育の重要性を共有し、徐々に理解を得ていった。「カンボジアの子どもたちに新しい体育を届けたい」という志を共有し、文字通りゼロからのスタートで、教育省との協働で学習指導要領の導入に至ったことは大きな成功事例であり、これは正に、手探りでカンボジアにおける体育科教育を一から創

り上げた、「共創」の歴史であるといえる。

　こうした努力が実を結び、現在、カンボジアの多くの学校で、未来を担う子どもたちが、体育科教育の醍醐味を享受している。ゆくゆくは、その子どもたちが、必ずやカンボジア社会をより良い方向に導いてくれると確信している。

　本書は、カンボジアと日本の国境を越え、体育科教育普及に奮闘する人々のヒューマンストーリーである。著者の視点から、登場人物を取り巻く人々の様子が細やかに描かれており、臨場感溢れる物語となっている。長年にわたる活動から得た学びや気付きを多くの人に、特にこれから国際協力に携わる若者たちに是非伝えたいとの思いから、本書は執筆されている。公式な報告書には残されない、奮闘の日々を描いた物語である。本書でそれを紹介することにより、魅力あふれる国際協力の世界について読者の皆さんに知っていただくきっかけになればと思う。

　私自身、カンボジアと沖縄の平和博物館の交流について調べたことがあり（『開発協力のオーラル・ヒストリー』東京大学出版会）、地道な草の根レベルでの「心と心のふれあい」の大切さを実感した。そのような交流は、実践されるというだけでなく、成果が文字として記録されるべきだと強く思う。

　本書は、JICA緒方研究所の「プロジェクト・ヒストリー」シリーズの第38巻である。この「プロジェクト・ヒストリー」シリーズは、JICAが協力したプロジェクトの背景や経緯を、当時の関係者の視点から個別具体的な事実を丁寧に追いながら、大局的な観点も失わないように再認識することを狙いとして刊行されている。スポーツをテーマにしたものは、南スーダンを舞台にした「スポーツを通じた平和と結束」、ペルーが舞台の「ペルーでの愉快な、でも少し壮絶な国際協力」が刊行されているが、アジアでの取り組みに焦点を当てたプロジェクト・ヒストリーは本書が初めてである。益々の広がりを見せている本シリーズを、是非、一人でも多くの方が手に取ってご一読いただくよう願っている。

JICA緒方貞子平和開発研究所　研究所長　峯　陽一

目次

プロローグ

カンボジア地図および本書に表出する学校所在地

オドーミンチェイ州

バンテアイミンチェイ州

プレアビヒア州

ストゥントレン州

ラタナキリ州

シェムリアップ州

アンコールワット遺跡群

バイリン州

バッタンバン州
インシダーレ小学校
バダック小学校
アンロンベル小学校
ネットヨン高等学校

コンポントム州

クラチェ州

モンドルキリ州

プーサット州

コンポンチュナン州

コンポンチャム州

トボンクモム州

コッコン州

コンポンスプー州

プノンペン

プレイヴェン州
ロングドムレイ小学校

プノンペン都
バックトゥック小学校
チェイチュムニア小学校
シソワット中学校
ボントラバエク中学校
ボンケンコン中学校

カンダール州

スヴァイリエン州
トロペアンロン小学校
プレア・シアヌーク小学校
クサエ小学校
バサック中学校

プレアシハヌーク州
（シアヌークビル州）

カンポット州

タケオ州

ケップ州

ミャンマー

ラオス

タイ

カンボジア

ベトナム

フィリピン

マレーシア

10

はじめに

2012年4月20日、私はカンボジアの首都プノンペンに降り立った。JICAの青年海外協力隊（現在のJICA海外協力隊、以下「海外協力隊」）の一員として、2005年から2007年までパラグアイに派遣されていた私には、カンボジアの赤土の道路や街の様子はなんだかパラグアイに似ている気がした。この国で体育の事業に携わる——それは、アメリカ・サンディエゴの大学の政治学部を卒業し、JICAの海外協力隊事務局、地球ひろばでの勤務経験しかなかった私にとって、何も描かれていないキャンバスに1つずつ色を塗っていくようなものだ。体育教師の免許やバックグラウンドもなくゼロからのスタートであった。

そんな私が、カンボジアの体育普及事業にかかわった12年間に見たこと、感じたこと、仲間と協力して進めてきたことや、どのようにプロジェクトを計画し、カンボジアの教育・青年・スポーツ省（教育省）や各州の教育局の担当官、学校の教員の方たちとコミュニケーションを取り、人間関係を構築してきたかをできるだけ詳細に記録したのが本書である。

主観的な視点での内容に終始してしまうが、私自身がどのような状況の中で判断材料を集め、いかなる判断を下してきたかを詳細に記述したつもりだ。今後、体育・スポーツ分野での協力事業に携わろうと考えている方、もしくはすでに渦中で奮闘している方々のお役に少しでも立てたなら、これほどうれしいことはない。また私自身にとっても、この12年間にどのようなことが実際に起きたかを振り返るきっかけとなり、そのおかげでいろいろな方たちと当時はできなかった突っ込んだ話ができた。

何よりすべての決定・判断において私が優先したのは、環境・状況も違う中、「カンボジアの全国の子どもたちが新しい体育により態度・知識・技能・協調性を学べるようになるには、どの選択肢が最も有効かつ効率的であるか」ということである。体育という学科は、学校の教員が生徒一人ひとりに教えて初めて意味を持つ。つまり学校という環境において、体育を教え

る教員が生徒に授業を行うことで体育という授業が形成され、その教え方次第で生徒にどのように伝わるのかが変わってくる。そのためにカリキュラムがあり、教員の養成・研修があり、普及システムがあり、教育省の担当官育成があり、学校の全教科の中での体育の位置づけがあり、さまざまな活動が必要なわけである。日本のNGOとして他国であるカンボジアを支援している（実際には一緒に学んでいる）わけで、「子どもたちに良質な体育を届ける」という理念を常に信念として、事業を進めてきた。

　本書では第1章でカンボジアでは以前どのような体育が実施され、体育がどのように教員に認識されていたのかについて説明する。第2章では、ハート・オブ・ゴールドがプロジェクトを開始するにあたり、どのような経緯でプロジェクトを開始したか、またどのような苦労があったのかについて記載している。第3章では、最初に完成した小学校の学習指導要領を元にした学校への普及の難しさ、政府レベルと現場レベルの違い等を紹介する。第4章では、小学校から中学校への移行を可能にした背景とそのプロジェクト内容を説明している。第5章では、継続した事業によるカンボジア教育省の自立への動き、ハート・オブ・ゴールドと教育省のかかわり方の変動を見ていく。第6章では、カンボジアにおける初めての体育大学の設立を支援することになった背景とそのプロジェクト内容を説明する。最後にエピローグにて、ハート・オブ・ゴールドが今までに継続してきたプロジェクトの成果を全体的に総括し、スポーツを通じた国際協力に対する一考察を記した。

　なお、本書に記載されているさまざまな見解はJICAおよびJICA研究所の公式な見解ではなく、あくまでも筆者の個人的見解であることをご理解いただきたい。そのうえで、本書が読者の皆さまにとって、何かしらの国際協力の実施や考え方への一助となれば幸いである。

ハート・オブ・ゴールドとカンボジア体育科教育の歴史年表

1996　・第1回アンコールワット
　　　　国際ハーフマラソン
　　　　（AWHM）開始

1998　・ハート・オブ・ゴールド設立

2001　・第1回青少年レクリエーション大会開催
　　　　（シェムリアップ）

2002　・第2回青少年レクリエーション大会開催（シェムリアップ）

2003　・第3回青少年・指導者育成スポーツ（YLTS）祭開催
　　　　（プノンペン）

2004　・第4回YLTS祭開催
　　　　（コンポンチャム）

2005　・第5回YLTS祭開催
　　　　（スヴァイリエン）

| 2006 | ・小学校体育科指導書作成支援プロジェクト（JICA草の根技術協力事業）2006年2月〜2008年7月、対象：8州（プノンペン、バッタンバン、シアヌークビル、コンポンチャム、コンポンチュナン、スヴァイリエン、クラチェ、ラタナキリ） |  |

| 2007 2008 | ・小学校体育科学習指導要領 教育・青年・スポーツ省大臣認定 | |

| 2009 | ・小学校体育科教育振興プロジェクト（JICA草の根技術協力事業）2009年6月〜2012年6月、対象：5州（バッタンバン、シェムリアップ、シアヌークビル、クラチェ、スヴァイリエン） |

| 2013 | ・運動会普及事業開始
・小学校体育科教育 自立的普及に向けた人材育成および体制構築のための事業（JICA草の根技術協力事業）2013年4月〜2016年10月、対象：15州（バッタンバン、クラチェ、スヴァイリエン、シェムリアップ、シアヌークビル、バンテアイミンチェイ、コンポンチュナン、コンポントム、プレアビヒア、カンポット、コッコン、ストゥントレン、ラタナキリ、プレイヴェン、タケオ） |

2014　　・小学校体育科指導書 教育・青年・スポーツ省大臣認定

2015　　・中学校学習指導要領作成支
　　　　援事業（スポーツ・フォー・
　　　　トゥモロー）2015年1月〜3
　　　　月、2015年10月〜2016年12
　　　　月、対象：プノンペン、バッタ
　　　　ンバン、スヴァイリエン

2016　　・中学校学習指導要領 教育・青年・スポーツ省大臣認定

2017　　・中学校体育科教育指導書作成支援・普及プロジェクト（JICA草の根
　　　　技術協力事業）2017年1月〜2020年9月、対象：3都・州（プノン
　　　　ペン、バッタンバン、スヴァイリエン）

2018　　・中学校指導書 教育・青年・スポーツ省大臣認定
　　　　・高等学校学習指導要領 教育・青年・スポーツ省大臣認定

2019　　・カンボジア王国 国立体育・スポーツ研究所（NIPES）体育科コース
　　　　4年制大学化プロジェクト（日本NGO連携無償資金協力支援事業）
　　　　2019年1月〜12月、2021年3月〜2023年2月）

2020

2021
・小学校から高等学校まで一貫した高い質で学ぶ
　「Physical Education for ALL」事業（JICA草の根技術協力事業）
　2021年2月～2025年1月、対象3都・州（プノンペン、バッタン
　バン、スヴァイリエン）
・高等学校指導書 教育・青年・スポーツ省大臣認定

2022

2023
・カンボジア王国 ICT化による質の高い4年制体育教員養成大学支
　援プロジェクト（日本NGO連携無償資金協力支援事業）2023年3
　月～2026年3月

着任時に抱いた事業への心証

　カンボジアは東南アジアに位置し、タイ、ラオス、ベトナムに国境を接する国である。人口は1,530万人（2019年カンボジア国勢調査）でプノンペンを首都とし、1都24州に分かれている。全国に7,282小学校、1,247中学校、34高等学校、590校の中高一貫校がある（教育省（MoEYS）、2020、p.1）。

　2012年、カンボジアに到着した当初、小学校の体育授業のモニタリングをするためクラチェ（カンボジアの北東にある州）に行く機会があった。私が所属するNGOハート・オブ・ゴールドは、草の根技術協力事業のフェーズ2となる「小学校体育科教育振興プロジェクト」（2009年6月〜2012年6月）を実施しており、教育省、学校体育・スポーツ局（DPESS）の担当者と作成した体育の指導書を学校で教えられるよう、全国の小学校をモニタリングしていた。

　モニタリングの対象となったのは、1つの州の小学校2校と小学校教員養成校。カンボジア全国には7,000校以上の小学校があるが、当時対象としたのは、全国5州（バッタンバン州、シェムリアップ州、シアヌークビル州、クラチェ州、スヴァイリエン州）、各州の小学校10校に絞り、体育担当官を養成し、国家の体育政策として進める第一歩とした。学習指導要領、指導書を教育省と協力して作成することは大変重要なことだが、苦労して作成した学習指導要領や指導書は、実際に体育の授業で使われて初めて意味を持つ。当時の私にとってカンボジア全土の子どもたちにスポーツを通じて「態度・知識・技能・協調性」を教える新しい体育が普及することは、先の遠い話に思えた。

　就職する前の私は、ハート・オブ・ゴールドは教育省の政策にも影響を与えているすばらしい団体だと聞いていた。学習指導要領の作成等、教育大臣の認定を取ることがいかに大変かは明白である。しかし、実際に普及できているのは約10校程度であることを目の当たりにして、考えを変えざ

るを得なかった。事業としてはたしかにすばらしいが、最終的にプロジェクト運営のすべてを教育省側へ移譲し、教育省側が独自に普及を進め、すべての都・州において新しい体育が実施できるまでには相当な時間を要すると思った。

カンボジアの伝統的な体育とは？

　そもそも、体育の授業がなぜカンボジアの学校に必要なのだろうか。日本では「体育は、すべての子どもたちが、生涯にわたって運動やスポーツに親しむのに必要な素養と健康・安全に生きていくのに必要な身体能力、知識などを身につけることをねらいとするもの」とされている（文部科学省）。これに対してカンボジアでは、伝統的に「知るために学ぶこと、するために学ぶこと、なるために学ぶこと、共生するために学ぶことが重要」とされており、知識、行動、自分の将来や社会での共生のために学ぶことが学校教育の根幹とされている。つまり知識の吸収など実用的な学びの側面が強

多くの学校に設置してある教育の4つの柱

調され、健やかな身体を育てる体育の位置づけは明確でなかった（左写真）。また、カンボジアでは、ポルポト時代の影響で学校教育が崩壊しているところから始まっている。施設と教師が足りない中、どのようにして学校教育を充実させられるかといった課題を抱えており、体育科教育は優先順位が低かった。ハート・オブ・ゴールドが日本で体育科教育案件を模索していた時は、国際協力事業としては優先順位が低く、JICAも財団も外務省も取り付く島もない状況だった。しかし、カンボジアで体育科教育ができるのではないかと判断したのは、カリキュラム開発政策2005-2009に週2時間体育科教育をすることが明記されていたためである（MoEYS、2004）。

しかし、2015年に制定されたCurriculum Framework（以下、学習指導要領枠組）のゴールでは、国民のバランスのとれた身体、知識、行動、愛国心、人類に対する愛を発展させる可能性を保障することが掲げられた（MoEYS、2015）。そのうえで、識字と計算能力、外国語、ICT、コミュニケーションとチームワーク、分析力と想像力、知識と技能の適応力、自己・家族・社会開発力、起業力とリーダーシップといった9つの資質を、クメール語、算数・数学、社会、科学、ICT、外国語、体育とスポーツ、保健、芸術、ローカル・ライフ・スキルを通じて学ぶことが明記されている。このなかで体育については週2時間の授業が設けられることも記載されており、システムとしては、体育の位置づけが明確になっているといえる。

教育省アドバイザーのプラム・ブンジー氏は、体育の授業を2時間確保していた理由を、「学校においてスポーツ活動を活発化させるため」と述べている。当初は定期的に州や国レベルでのスポーツ大会が開催されており、その大会に出場するための準備として学校体育が行われていたのである。そのため、大会に出場する選手以外には学校体育は関係なく、大会の準備も大会の直前に行われていたため、普段の体育の授業では、クメール体操（徒手体操）やサッカー等のスポーツが慣習的に行われていたのである。また、学校体育は、体育授業と課外活動のスポーツを合わせたものと認識

されており、当時のカンボジアでは教育省職員も教師も体育とスポーツを混同して理解していた。体育の授業を通しての明確な目標が定められていたのではなく、ただ習慣的に週に2時間の体育の授業が設けられていたというのが実情であったといえる。

　このような状況下、当時小学校の先生たちは体育の授業の意義をどのように捉えていたのだろうか。

　バッタンバン州、インシダーレ小学校のニム・ソカー教頭は新しい体育が行われる前の体育について、「生徒にボールを渡して遊ばせて終わりという形式で進めていました。同時に体育は全学年の生徒が集まって、一緒に運動をするためのものでした。体育の授業として、何かを教えるというより、生徒が楽しむため、他の教科で溜まったストレスを発散するという目的のもとに行われていました」と話していた。

　同じくバッタンバン州、バダック小学校のプレアップ・ヴァンター先生は、「新しい体育が紹介される前は教員のクメール体操の知識に基づく授業が行われていました。体育は月曜日と金曜日に教えられていて、現在の体育のように知識等を教えることは目標にしておらず、サッカーであれば、ただサッカーをさせるという授業が行われていました」と話している。

　この2人の先生の話のように、新しい体育が導入される以前の体育は、知識や技能といった目標が設定されていたわけではなく、クメール体操が中心で、無資格の体育教員や小学校教員は体育授業の指導ができず、スポーツをしていた若者が、仮雇用体育教師として雇用され、その仮教員がサッカーをしていればサッカー、バレーボールをしていればバレーボールを教えている状況だった。学習指導要領もなく、教員としても何を教えるかも提示されていない中、このような捉え方になるのは必然であったのかもしれない。

　学習指導要領枠組の中で、システムとしては体育の位置づけが明確になっているといえる一方、実際の体育はクメール体操中心のため、前述の9個の資質を身につけられる可能性は極めて低かった。

体育支援開始前の組織的変革

　体育支援開始前のハート・オブ・ゴールドは、1996年から継続的に開催されているアンコールワット国際ハーフマラソンを支援していた。そこで関係のあったシェムリアップ州の州教育局担当官であるオウク・サレット氏と協議したところ、マラソン支援に留まらず、カンボジアのスポーツ全体の支援をした方が良いと提案し、第1回青少年レクリエーション大会が実現した。

　YLTS祭は新たなスポーツによる社会貢献の可能性を求めて第1回大会が開始され、年を追うごとに進化していった。1年目は、運動会を開催したが、協議の結果、2年目から2日かけて現地教員が学びを体験できるスポーツ指導会へと発展した。日本から招聘された専門家が初日にカンボジア指導者（教員）を指導し、指導法を学んだ若手教員が2日目に子どもたちを指導する方式が採られた（表1参照）。また、3年目以降のYLTS祭では、当時、国際的な潮流となり始めていた「平和と開発のためのスポーツ」の事例に倣って、地雷やエイズ予防などの講習会を併設して開催していた。サッカーでは、元なでしこ監督の佐々木則夫氏、陸上ではハート・オブ・ゴールドの代表理事である有森裕子（バルセロナオリンピック銀メダリスト、アトランタオリンピック銅メダリスト）、サッカー、バレーボール、バスケットボールなどの有名選手、一般体操、体力測定等のそうそうたるメンバーがカンボジアに渡航し、カンボジアの指導者に対して指導をしていた。第2回目が終了した時にブンジー氏をはじめ、教育省関係者より、シェムリアップだけでなく全国で開催してほしいとの要望があった。そして、2003年には日本－カンボジア外交関係樹立50周年記念事業として、カンボジア教育省、カンボジアオリンピック委員会、ハート・オブ・ゴールドが主催し、在カンボジア日本国大使館、JICA、企業の連携記念事業として盛大に行われた。参加者は、2,000人以上となり、当時のソーケン副首相が、この大会に参加した。この結果、カンボジア政府がスポーツ・体育の振興に強い関心と意欲を持つようになって、体育科教育への支援の動きが大きく前進していくこと

表1 青少年・指導者育成スポーツ祭（YLTS）開催概要

時期	2001年12月	2002年11月	2003年12月	2004年12月	2005年12月
名称	第1回青少年レクリエーション大会	第2回青少年レクリエーション大会	第3回YLTS祭	第4回YLTS祭	第5回YLTS祭
場所	シェムリアップ州	シェムリアップ州	プノンペン特別市	コンポン・チュナン州	スバイリエン州
参加数	16校	16校	20校	16校	28校
教員数	0名	60名	150名	80名	56名
学生数	500名	872名	1600名	856名	890名
カボラ数	N/A	N/A	50名	80名	100名
日ボラ数	50名	92名	100名	90名	70名
参加NGO数	障がい者陸連	障がい者陸連	JHP/CPR CHEMS HG CYA-JYA	JHP/KYA CHEMS HG CYA-JYA	JHP/KYA CHEMS/KYA HG CYA-JYA

になる（HG、2010、p.16）。なお、第3回では、今後の担い手を育成する目的で「HG-CYA-JYA」というボランティア制度を形成している。ハート・オブ・ゴールドで18年働いているケオ・ソチェトラもこの「HG-CYA-JYA」出身である。

ブンジー氏が興した変革

　カンボジア旧来の体育を変革したいと考えたのが、プラム・ブンジー氏である。ブンジー氏は2006年ハート・オブ・ゴールドが最初に小学校体育科教育支援を開始した当時、教育省学校体育・スポーツ局の局長であった。他の教育省の方たちが「体育」＝「目標等を設定せずクメール体操やサッカー等生徒たちに実施させること」と考えていた中で、ブンジー氏は、そのような体育を変えていかなければいけないと思った唯一の人物である。

　当時からハート・オブ・ゴールドは、子どもたち（最終裨益者）に直接指導するのではなく、カンボジアの自立を見据え、子どもたちを指導する教員を対象に事業を行っていた。ハート・オブ・ゴールドの代表理事である有森裕子は、カンボジアへ来た当初からカンボジアには教育が必要であるという

ことを話していた。ブンジー氏は、アンコールワット国際ハーフマラソンで有森に毎年会っていた。そこでハート・オブ・ゴールドに対して、体育教員養成のプロジェクトを実施することを提案する。当時ハート・オブ・ゴールドの東南アジア事務所長をしていた山口拓所長は、それ以前の体育について調査した際、指導要領総則があり、その2ページ程度に週2時間を使って、体操教育やボール運動などを実施することが簡易に記載されていた程度であったと語っている。

　当時の学校体育はフランス統治下の時代から引き継がれたもので、このような体育が実施されていた中、学校体育・スポーツ局として何ができるかを考えた。当時の教育省関係者は体育ではただ60mくらい走れれば良い、と考えていた。しかし、ブンジー氏は違う考えを持っていた。体育科教育の中で子どもたちが学ぶ資質を明確にし、教えられるようにしなければいけないと考えていた。しかし、教育省内で他の誰も相手にしてくれなかった。なぜなら優先順位が低いからだった。体育・スポーツの中でも体育よりスポーツ大会の実施、教育全体でも体育より理数科教育が優先されていた。そんな中、山口所長と有森裕子はブンジー氏の話を聞いてよく理解し、アンコールワット国際ハーフマラソンでシェムリアップに来た際の夕食時に、それまで続けていた年に一度の「青少年・指導者育成スポーツ祭」のような成果をどのように継続して続けられるか、長い期間続けられるか、広げられるか、ということを協議した。この会合こそが現在に続く体育支援の原点だった。

学校の授業の中の教科に

　2006年にハート・オブ・ゴールドは、JICA、教育省と草の根技術協力事業の開始にあたっての合意文書を締結することができた。しかし、教育省内の誰もが体育科教育のプロジェクトを始めたことをにわかには信じてくれなかった。それでもブンジー氏と山口所長は手を握り、一緒に喜びを分かち合い、時には言い合いもしながら活動を1つずつ続けていくのだが、それ

が今では大きな成果を残すようになった。

　0から1を生み出すのは大変困難なことである。例えると、「リンゴは青い」と思っている人に、「リンゴは赤い」ということを伝えていくことから始めなければならなかった。リンゴは青いと思っている人たちにとっては、彼らの人生経験や見てきたことにより、リンゴは青いと認識しているのであり、リンゴは赤いはずがないと最初から先入観を持っている。体育に対しても、体育はクメール体操・サッカー等と思っている人たちに対して、体育とは学校の授業の中での教科であり、教育としての目標や年間を通じて体系的に教えることができる教科であると伝えても、認識を変えていくことは大変難しい。どこから始めることがこの体育の概念を変えていくことにつながるのかを模索しながら、まずはプラム・ブンジー氏と学校体育・スポーツ局の担当官の育成から始めた。その担当官たちは、日本のような体育科教育を受けたことがなく、カンボジアの体育科教育について任されることは、暗闇を進むように先の見えない活動だったに違いない。そして、共に歩んでいく当時ハート・オブ・ゴールドの山口所長、筑波大学の高橋健夫副学長（当時）、ならびに岡出美則准教授（当時）の苦労は計り知れないものであった。

　クメール体操はカンボジアで以前から体育の授業で行われていた徒手体操である。通常は先生か生徒の代表がクラスの前に立ち、「1-1の動き」、「1-2の動き」といったように掛け声をかけながら次々と異なる手や足の動きをし、クラス全体がそれに合わせて動くというような体操である。

　新しい体育以前から行われていた運動なのであるが、小学校の指導書でもリズム運動の中に17の動きが紹介されている。伝統を大切にすることも重要でクメール体操では集団行動を学ぶことができる。一方でラジオ体操のように音楽がついているわけではないため、リズム運動に入っていながらリズムに合わせて身体を動かすということはなかなかできない。

　このクメール体操も新しい体育科教育の中で「態度・知識・技能・協調性」を身につけられるよう相談したのが、社会問題をアート・デザインで解決するために、カンボジアで結成されたクリエイターの集団Social Compassの代表である中村英誉氏であった。当時、中村氏は、「ワッティー」というアンコールワットをモチーフにしたアニメーション・キャラクターを製作しており、このキャラクターに海外協力隊でプレイヴェンに派遣されていた清水千恵実さんに音楽を製作してもらい、「インディー」というプノンペンの独立記念塔をモチーフにしたキャラクターと共に「ワッティーとインディーのクメール体操」という映像を作成した。

　この映像はカンボジア国営放送TVKにて毎朝6時50分から4年ほど放送された（HG、2021、p38）。伝統的に行われてきたクメール体操だが、音楽をつけたことにより、リズムに乗れるということも学べるようになった。カンボジアでは古くから行われてきたクメール体操だが、新しい体育の導入と共にクメール体操もより発展し、子どもたちが楽しめる

運動にしていくという努力も続けていきたい。

小学校で実施されていたクメール体操

音楽をつけ、アニメーション化した「ワッティーとインディーのクメール体操」

第 **1** 章

カンボジアにおける「体育」

1節：古い体育・新しい体育

学校体育への想い

カンボジアでは、1975年から1979年まで続いたポルポト政権の後、多くの国際機関やNGOが教育支援を目的に活動を開始した。大虐殺が行われたポルポト時代の具体的なエピソードとしていつも私は2018年10月にスポーツ総局長のオーク・セティチエット氏から聞いた話を思い起こす。

セティチエット氏がまだ子どもの頃、自宅の屋根の修理をしていた父親は、遠くからポルポト軍の関係者が近づいてくるのを屋根の上から見ていたという。父親はすぐに、屋根から下りると、母親とセティチエット氏を呼んだ。父親は『軍隊に呼び出されてはもう帰って来られない（殺される）』ということを悟ったのだ。そして、息子のセティチエット氏に「私はもう帰って来られない。母親と兄弟を大切にして生きてほしい」と伝えたそうだ。父親が連れていかれ、しばらくして遠くで銃声が聞こえたという。

目の前で父親が殺される、家族が殺される——この時代を生きた人たちはこのような深い悲しみを常に心に抱えている。その後、セティチエット氏は私に言った。

「このような歴史は決して繰り返してはいけない。フン・セン首相の下でカンボジアは大きな復興を遂げている。体育・スポーツ分野については、学習指導要領や指導書ができ、体育の普及が進んでいる。どんなに発展が遅れていようが私たちは前に進まなければならない。ハート・オブ・ゴールドは、この状況のカンボジアの体育科教育を支援してくれ、子どもたちが体育を通じて"態度・知識・技能・協調性"を学べるよう支援してくれている。私には、それをサポートすることが当然だと思っている」

このように強く語ってくれたセティチエット氏は、2013年以降、常にハート・オブ・ゴールドのプロジェクトを信じ、継続してサポートしてくれている。

ポルポト時代の影響でカンボジアの教育システムはかなり遅れており、2015年に策定された「学習指導要領枠組」では、教育全体を通して「知

識・技能・態度」を教えることが明記されている。カンボジアの教育制度は日本と同じ6-3-3の制度を採用しており、小・中が義務教育となっている。

　ポルポト時代後は、国内に知識人がほとんどいなくなったため、教育制度自体はフランスから引き継がれた。こうした状況下で、「なぜ算数が必要なのか？」「なぜ体育が必要なのか？」という各教科が存在する目的が見失われてしまった。前述の通り、週に2時間の体育の授業が確保されていても、体育がどのような教育上の目的を持っているのか、体育という教科を通じて子どもたちにどんな資質を身につけさせたいのか、根本的な目的が存在しない状況に陥ってしまったのである。筑波大学の高橋副学長・岡出准教授は、彼らに当事者意識を持ってもらうべく、5年後、10年後のカンボジアはどうなってほしいかと投げかけ、体育教育の目的や、将来を議論しようと試みたが、一番困ったことは、彼らから自分たちの意見が出てこなかった事である。

ハート・オブ・ゴールドの挑戦的取り組み

　体育・美術・音楽等の情操教育はカンボジアでは娯楽・余暇的要素が多いものと受け止められ、主要教科である理数科教育やクメール語等が優先され、体育分野を支援する団体は皆無であった。1975年以前からあったフランス統治下の教育システムに基づき、クメール体操が当たり前となっていた体育の授業において、1975年以前のフランスのシステムに基づき、単純な運動が行われていただけの体育を改革しようと試みたのが、前述のプラム・ブンジー氏であった。

　これまでの体育では、毎年、毎月、各郡教育局のスポーツモニター（体育視学官）が学校での体育授業をモニタリングし、小学校から高等学校まで5つの種目が、すべて同じ方法で行われていた。その5つとは、短距離走（小学校：60m走、中・高：100m走）、走り幅跳び、走り高跳び、砲丸投げ、ロープのぼりである。教育省はこれらの5つの種目とスポーツ（学

校内外で一般大衆に人気のあるスポーツ・フォー・オール）を発展させよう
としていた。しかし、学校体育の改革を踏まえて規模を拡大するには、組
織の容量が十分ではないと判断され、2003年に体育スポーツ局から学校
体育・スポーツ局を分離し、ナショナル・スポーツ・トレーニング・センターか
ら国立体育・スポーツ研究所を切り離して、再構成されることとなった。ブン
ジー氏はハート・オブ・ゴールドと協議を続け、2006年に合意文書が締結
された。

　ハート・オブ・ゴールドとは1996年から協力しており、アンコールワット国
際ハーフマラソンだけでなく、どのように体育・スポーツを発展させられるか
について話し合ってきた。年に1度、アンコールワット国際ハーフマラソンの
際に青少年・指導者育成スポーツ祭等を開催して子どもたちを指導して
も、継続的・通年的な変化は現われない。学校で体育の授業を行う教員
を変えることで初めて、日々の体育の授業で効果的な体育を教えられるよう
になる。学校体育支援事業への協力組織を求めて、日本各地のさまざまな

プロジェクト初期の学校体育・スポーツ局関係者との写真

組織との対話を重ねた。その結果、最終的に日本の国際協力を担うJICAと体育学を担う筑波大学からの協力を受けることに成功した。

協議を重ね、まずは小学校から始めようということになった。ブンジー氏は実際に学校の先生に何を教えているのか確認したところ、簡易なコーチングを実施しているのみであった。こうした現場での状況を踏まえ、ハート・オブ・ゴールドと学校体育・スポーツ局との協議はさらに加速していくことになった。

ハート・オブ・ゴールドに新しい体育授業に向けての協働を依頼

2002年にシェムリアップでの第2回目を実施していた頃、ブンジー氏が学校体育・スポーツ局の局長に就任した。そこでブンジー氏からハート・オブ・ゴールドに、シェムリアップだけでなく、教育省と協働で実施してほしいと依頼があった。巡回開催が決定し、第3回目をプノンペンのオリンピック・スタジアムでの実施を検討したが、オリンピック・スタジアムは、実際は教育大臣の関係者が管理していた。急遽教育大臣が亡くなったこともあり、結局使用の可否が不明となった。

スタジアムの入り口は封鎖され、3回目の青少年・指導者育成スポーツ祭の実施が危ぶまれていた。日本 - カンボジア外交関係樹立50周年記念事業として実施しようとしていたため、日本から100人くらいのスポーツ専門家とボランティアが来て、カンボジア国内から児童、生徒、教員など1,600人以上が参加することが決まっていた。にもかかわらず、開催2週間前まで予定していたオリンピック・スタジアムの使用許可が下りなかった。最終的に帰国直前であった小川郷太郎大使（当時）のご尽力をいただいて使用が可能になり、ようやく開催できた。

カウンターパートは学校体育・スポーツ局

その後、ブンジー氏より「もっと多くのスポーツ・体育振興にかかわる行

政関係者を育成したい」という依頼があり、山口所長はスポーツ・体育分野で日本をリードする研究・人材育成を行っている筑波大学に技術的支援に関する相談を持ち掛けた。山口所長は、東ティモールの活動で相談に乗って頂いた筑波大学西嶋尚彦准教授（当時）に相談を持ち掛け、最終的には、当時の筑波大学副学長であった高橋健夫教授が大学の社会貢献として協力する旨を申し出て下さった。その後、筑波大学の岡出美則准教授が当該事業に係る日本の体育科教育専門家チームのリーダーとして協力してくれるまでに至り、支援の準備が整った。

　そして、山口所長は本件をJICA草の根技術協力事業として実施するために、JICA中国およびJICAカンボジア事務所に相談した。当時、JICA本部のアジア第1部でカンボジア担当であった辻野博司氏は、「この事業はハードルの高い事業だと思われた。しかし、3年後、転勤でJICA中国に移り、HGの事業担当となってこの事業に接し、中央の行政組織の能力向上と、草の根レベルの人材育成も併せて行われたことが大変意義深い」（HG、2010）と述懐されている。以上の発言を鑑みると、JICAへ相談しながら1年かけて現地調査を行う中で事業計画を策定したことは非常に重要なプロセスであったと感じられる。

　JICAカンボジア事務所は、教育省の政策上の優先順位が高いとはいえない、スポーツ・体育の分野であること、現地での準備が十分ではないとの理由から、最初は本事業の実施に慎重意見であった。しかし、山口所長は、教育省関係者との入念な計画を作り上げながら、ブンジー氏と共にJICAカンボジア事務所で状況説明するなど、熱意をもって学校体育振興の重要性を説明した結果、理解を得ていった。

　山口所長は、JICAカンボジア事務所にはプロジェクト・デザイン・マトリックス（プロジェクトの設計図）の書き方、JICA中国には草の根技術協力事業というスキームについて丁寧に説明をしてもらい、最終的に本プロジェクトが2005年に採択されるまでJICAと協働での案件形成の過程があったと

話す。

　本プロジェクトの実施においては、「カンボジアに体育が必要である」という体育科教育そのものを新しくカンボジアの教育システムの中に組み込むという視点よりも、既存の週2時間実施されている体育の授業を「カンボジアのすべての子どもたちが学校教育の中での体育科教育をより多くのことが学べる教科に変革していこう」という体育科教育全体を変革するという視点が優先していたように思う。つまり、通常NGOのプロジェクトでは、限られた対象地においてモデル的にプロジェクトを実施することが多いが、本プロジェクトは、アンコールワット国際ハーフマラソンが青少年・指導者育成スポーツ祭へと発展し、教育省、学校体育・スポーツ局が主体的にカウンターパートとなり、カンボジア全土の子どもたちに裨益する、国家的な体育政策にかかわるプロジェクトであったといえる。

コラム②　　カンボジア体育の産みの父

　プラム・ブンジー氏は、"カンボジア体育の産みの父"ともいえる。2006年の最初の小学校体育科教育支援のプロジェクト時に学校体育・スポーツ局の局長を務めており、プロジェクト開始前には、JICAカンボジア事務所まで足を運び、カンボジアの体育科教育の発展がなぜ必要なのかを説明した。ブンジー氏にとって、カンボジア体育科教育の改革は、自分が亡くなった後も、カンボジアに残るすばらしい事業となると考え、自分のライフワークとして、成功させたい、と誇り高く話していた。

　特に、山口所長と一緒に案件を作り上げた最初のプロジェクトの形成には時間を要したようで、山口所長と喧嘩のような議論もしたが、一緒にお酒を飲んで仲直りし、体育について熱く議論した思い出を懐かしそうに話してくれた。

プロジェクトの成果が現れ始めてからはそのような苦労は減ったというが、動いていないものを最初に少しでも動かすことは大きな労力が必要であり、ブンジー氏と山口所長はその時間を共有した。

　私が着任した2012年にはすでにブンジー氏は学校体育・スポーツ局の局長を退き、2013年にオーク・セティチエット氏がスポーツ総局長に就任した際に合わせて教育省のアドバイザーになっている。その後もワークショップの開会式や閉会式に出席していただき、参加者のモチベーションを上げてくれている。ブンジー氏はハート・オブ・ゴールドとのプロジェクトの開始時を知る数少ない人物だ。私が修士論文を書いた際にもインタビューをさせていただいた。現在の教育大臣や事務次官の体育に対する認識も高まり、今では教育省として新しい体育を1つの政策として導入・定着を政策的に進めていること、それに合わせた実施体制も進化してきていること、その進化を見てこられたことにブンジー氏も大きな喜びを感じているとのことだった。

　このように、ブンジー氏は、体育を通じてカンボジアの国が大きく進化することを信じ続けてくれた。そのような信念を持った人物と一緒にプロジェクトを実施できていることに、私自身大きな喜びを感じている。

2節：学校体育は誰が教えるのか

教育省内の体育関連部局

学校体育・スポーツ局は2003年に教育省内に創設された部署である。2003年以前は同様の業務を行う部署は文化省の中に設置されていた。

2006年のプロジェクト開始以降も、学校体育・スポーツ局は体育を担当するとともに学校レベルでのスポーツ大会運営も合わせて実施していた。スポーツ大会となるとイベントとして華やかで広報としての見栄えも良い。一方、体育の授業は日々の積み重ねである。子どもたちの教育を考えるうえで日々の体育の授業は重要だが、体育の授業には人も集まらず華やかさがない。また、担当官も子どもたちに体育を教えるより、スポーツ大会への参加や運営支援のモチベーションの方が高かった。プロジェクトを継続することで体育普及についても予算がつくようになり、ワークショップやモニタリング、指導書の印刷といった体育関連の業務も徐々に増えていった。

2023年1月現在、カンボジアには体育に関連する部局が2つある。小学校・中学校・高校の現場レベルの体育科教育を管轄する「学校体育・スポーツ局」と、中学校・高校の体育教員養成と体育科教育にかかる調査研究を行う「国立体育・スポーツ研究所（NIPES）」である。どちらも教

図2　活動に関する教育・青年・スポーツ省内の部局（2021年1月現在）

大臣−事務次官−事務次官補

政策計画総局	4局
スポーツ総局	6局（学校体育・スポーツ局：DPESS、国立体育・スポーツ研究所：NIPES、他4局）
青年総局	2局
高等教育総局	2局
教育総局	8局、1室（カリキュラム開発局、教員養成局、他6局、1室）
総務会計総局	8局
監査総局	1局、1室
会計コントロールユニット	
各部・州　教育・青年・スポーツ局（POE）	各郡教育・青年・スポーツ局（DOE）

育省内のスポーツ総局の管轄になっており、体育以外の教科はすべて教育総局の下に配置されている（図2参照）。他教科はすべて教育総局が管轄している中で、体育科のみがスポーツ総局が担当となっている。

　このような体制上、問題となるのが"情報の共有"である。教育総局は、教育政策を決めるときに、一つひとつスポーツ総局に確認を取っているわけでなく、スポーツ総局もまた教育総局から教育政策の情報を収集することは難しい。

「体育」と「スポーツ」のすみ分けが進む

　学校体育・スポーツ局は、2006年からハート・オブ・ゴールドのカウンターパートとして連携し、学習指導要領の作成、体育の普及を担ってきた。小学校の場合は日本同様1人の教員がすべての教科を教えるため、学校体育・スポーツ局が担当して指導している。体育の普及以外に学校関係のスポーツ大会等も実施している。

　2022年からはスポーツ総局内にスポーツ大会運営を担当する「学校スポーツ大会局」が新設され、学校体育・スポーツ局はより体育の発展を中心に担う部署としての性格を強めていった。このような組織改革を経て、プロジェクトを進める中で「体育」と「スポーツ」の定義が区別されるようになり、学校の教科としての体育科教育の役割と学校教科外でのスポーツ大会等の担当が、体制としてすみ分けが明確になっていったと確認できる。

　小学校では学校現場での体育の普及、教員養成共に学校体育・スポーツ局が担当している一方、中学校・高校では学校現場での普及は学校体育・スポーツ局が中心に、体育教員の養成は国立体育・スポーツ研究所が担当している。国立体育・スポーツ研究所は、カンボジア唯一の体育・スポーツに関する高等教育機関である。かつては2年制のみで、中学校・高校の体育教員の養成機関であり、卒業生は体育教員になるが、スポーツも指導をしていたというのが実情である。カンボジアの中学校・高校レ

ベルの教員養成機関が2年制から4年制に移行するという教育改革を踏まえ、2019年以降、ハート・オブ・ゴールドとの日本NGO連携無償資金協力プロジェクトを通じ、国立体育・スポーツ研究所が4年制のプログラムを提供できるようになるための協力も動き出した。このプロジェクトについては後に詳細に説明したい。国立体育・スポーツ研究所の中には、アドミニストレーション課、計画課、文書管理課、リサーチセンター、教員養成センターがあり、中高の体育教員養成を進めている。

3節：体育は教育か、スポーツか？

学校の教科としての体育

教育省スポーツ総局、学校体育・スポーツ局は、「体育」という教科を学校での教科の1つとして扱い、子どもたちを教育するというより、学校におけるスポーツ活動全般を推進する部局として教育省内で位置づけられていたといえる。クメール語や数学、理科のように知識や資質を身につけるというより、学校において運動させることが体育の目的となっていた。プラム・ブンジー氏が部局の名前を出して「学校体育・スポーツ局」「国立体育・スポーツ研究所」といった名称で示されるように、「体育」と「スポーツ」を併記し、体育とは何か、スポーツとは何かという定義はあまり議論されず、社会の中では「体育・スポーツ」と併記される形で、体育とスポーツが区別なく認識されていることをブンジー氏も認めていた。

これに対して、プロジェクトの成果を通じて、カンボジアにおいては、「体育」＝学校教育の中で、生涯を通じた心身の発達・鍛錬の必要性や、チームとして協働すること、ルールを守ること、他者への敬意を持つことなど「知識・技能・態度」を教科として学ぶことが認識されてきた。一方で、「スポーツ」＝一般に広く実践されている競技種目、競技的スポーツ、勝ち負けや娯楽のために競い合うこと、というように、「体育」、「スポーツ」の単語の意味と区別がより明確になってきている。

実態はクメール体操

一方で、実際にこれまで行われていた体育は、器具などを使わず体を動かすだけのクメール体操が主であったことからも、体育に対する意識は他教科に比べて低かったといえる。学習指導要領や指導書を学校体育・スポーツ局と協働して作成できたとしても、全国に約7,000校ある小学校の教員たちが体育についての考え方を変えていくのは一朝一夕にはいかない。現職教員の方たちが学習指導要領について学び、体育科を実際に教えられるようにならなければならない。今までに実践されていた体育の授業がスポーツの指導であり、スポーツ大会に向けての練習のための授業時間等で実施されていたことも含め、「体育」＝「スポーツの技能を向上させる時間」、「子どもたちを運動させるための時間」という体育の教員の認識を変えることは困難であった。

体育を教科の1つとして捉えた場合、学習指導要領枠組に記載がある通り、体育においても「知識・技能・態度」を生徒たちが習得していくことが求められる。この学習指導要領枠組の中で、体育・スポーツは、学習者が身体的・精神的疾病を精神、態度、思考、知識と共に解決し、学習者が身体活動を適用することにより自己への自信を備えていける教科、さらには他教科の学習にもつながる教科であると説明されている（MoEYS、2015、p7）。このことからも、体育に教育的価値を持たせていくハート・オブ・ゴールドとのプロジェクトは、教育省の政策とも合致した有効的プロジェクトであるといえる。

ただ、概念として体育が学校教育の中の一教科として認識されても、実際の学校現場で教えられている体育がクメール体操やサッカー等の簡易的内容に終始してしまうならば、教育政策としての意味がなくなってしまう。この政策と学校現場での実践との一貫性を整えていくことが教育省とハート・オブ・ゴールドの協働が目指すものであった。

4節：新しい体育の授業とは

戸惑いと不安の中での始まり

　ハート・オブ・ゴールドは教育省と協働で、2006年から学習指導要領や指導書の作成を開始した。その時実際の学校現場で今までとは異なる体育の授業を実施することになった先生たちは、この新しい体育についてどのように感じていたのだろうか。

　現職の小学校教員は、体操教育は知っていても、これまでに体育授業を受けたことがなく、教員養成校で指導法も学んでいなかった。それが突如として、校庭で動き回る生徒に教育的効果を求めて各種の運動を指導することになり、教員たちは苦悩の決断を迫られたことだろう。

　最初に新しい体育を紹介された際、現場の小学校の先生は学ばなければいけないこと、やらなければいけないことが増えたことに戸惑いを感じていた。なぜ新しい体育を急に導入しなければならないのか、理由が分からない中で導入を強いられたため、不安を感じている教員もいた。

　スヴァイリエン州、トロペアンロン小学校のサイ・ミットサライ先生は、「新しい体育が導入される前は、体育の目的を理解していなかった。体育の授業は子どもたちが身体を動かせばよいと考えていた。新しい体育を学校で導入することは思ったより難しくはなかった。理由としては、校長が助けてくれ、モチベーションを上げてくれたことが大きい。しかし、他の先生の中にはモチベーションがない先生もいて、彼らは新しいことを学ぼうとはしなかった」と語り、校長の体育普及に対する意欲がない場合や、周囲に意欲が乏しい教員がいる場合は、新しい体育の導入が難しいと説明している。

　また、同州図書館員兼体育・スポーツ主事のトーン・チェック先生は、「昔の体育は明確な目標がなく、学校は週に2時間、月曜日と金曜日に体育を実施していた。新しい体育には、高齢の先生を巻き込んで導入することが難しかった。彼らは高齢のため身体を動かすことが難しかった」と話す。体育の目標が明確になり、説明を聞けば理解はできるが、説明を受け

ていない先生や、身体を動かすのが苦手な高齢の先生との協働はやはり
難しかったということである。

　同州プレア・シアヌーク小学校教頭のオン・ソタリー先生は、2011 年に教
員としてワークショップ等に参加し、のちに教頭になった。オン・ソタリー先生
は、「古い体育は生徒の腕と足を動かすということだけが行われていた。40
分の授業の後に何かを達成するという目標設定はなかった。新しい体育に
はそれぞれの授業ごとに目標設定があり、態度・知識・技能・協調性の 4
つの目標を達成するというねらいが明確にあった。授業中に子どもたちはお
互いに自分の意見を言うことができるし、それぞれが異なる役割を持って授
業を支え合うなど、古い体育とは大きく異なっていた」と振り返る。新しい体
育は、子どもたちの積極性や協調性を養うことができると実感している。

　いずれの先生も、新しい体育の導入のワークショップやモニタリングに参
加した後にインタビューを実施したが、新しい体育の導入は個人的には難し
くないと考えている。しかし、他の教員や校長と連携しての新しい体育の導
入については難しさを感じているようだった。

中学校でもほぼ同じ結果に

　中学校では、2015 年にプロジェクトを開始した際、パイリン州とコンポン
チャム州において調査を実施した。体育教員の教育レベルは、調査した 32
名の教員のうち半数以上が中学校・高等学校卒業までの資格しか有して
おらず、体育についての専門知識があるのは国立体育・スポーツ研究所
の卒業生のみであった。教育制度上は週に 2 時間の体育の授業が設けら
れているが、32 教員中 9 名が週に 1 時間しか体育の授業を実施しておら
ず、授業内容は 25 名の教員が整列、ウォーキング、クメール体操を実施し
ていると回答したのであった。

　新しい体育の説明をしたところ、32 名中 27 名が興味を示し、新しい体
育の価値は説明すれば分かるというような状況であることが確認できた。そ

して、ワークショップ等で説明し、教員たちが理解した後では導入の可能性が高まるが、校長からの理解や他教員との協働といった外部の要因も新しい体育の普及には不可欠であることが分かった。

このように、新しい体育には興味はあり、古い体育と比較した際に新しい体育の良さは理解できるものの、その機会（ワークショップ等）がないために、なかなか新しい体育の導入に取り組むことができないというのが大半の学校の状況である。プロジェクト内および教育省が独自の予算でこのような機会を創出しているものの、全国約7,000校の小学校、約1,700校の中学校、約600校の高校に新しい体育授業の行い方を周知させモニタリングしていくことは、時間・人材・予算が必要となる活動であり、これらを効率的・システマチックに進めていくことがプロジェクトに求められた。

第2章

ゼロからのスタート

1節：学習指導要領の作成

学校体育・スポーツ局からの提案

　小学校の学習指導要領を作成するにあたり、最初に考えなければならなかったのは、「体育という教科がそもそもカンボジアの法令上どのような位置づけにあるのか」ということである。その前にもちろん、実際に学ぶ子どものことは考えなければいけないが、法令上、体育授業の実施やスポーツの権利が国民に保障されていない場合、法令の改定から進めていかなければならないからだ。

　法令の最上位にくるのは憲法である。カンボジア憲法第6章「教育・文化、社会福祉」の第65項に、「国家はすべてのレベルにおいての質の高い教育の保障と促進およびすべての国民に質の高い教育を届けるための必要手続きを取る。国家はすべてのカンボジア国民の福祉のための体育とスポーツを尊重する」との記載がある（Kingdom of Cambodia、1999）。加えて、2015年に制定された学習指導要領枠組（MoEYS、2015、p.11）

表3　教科と学習時間の配分（小学校1年生〜6年生）

番号	教　科	学　年					
		1年生	2年生	3年生	4年生	5年生	6年生
1.	クメール語	11	11	11	9	9	9
2.	算数	7	7	7	6	6	6
3.	理科	3	3	3	3	3	3
4.	コンピューター	0	0	0	1	1	1
5.	社会	3	3	3	3	3	3
6.	芸術	1	1	1	1	1	1
7.	体育	2	2	2	2	2	2
8.	保健	1	1	1	1	1	1
9.	外国語	2	2	2	2	2	2
10.	地域生活技術プログラム	0	0	0	2	2	2
	週当たりの合計時数	30	30	30	30	30	30

注）週6日制、1日5時限、1時限40分

にて体育の授業が週2時間確保されている。日本と異なるのは、保健の授業も週1時間確保されているため、保健体育という教科ではなく体育という教科で独立していることである。

2015年以前も、週に2コマの体育の授業は同様にあり、小学校の場合、その1コマ40分間・年38週間（現在は35週間）の授業をどのように向上させていくか、学習指導要領の中で検討していく必要があった。従来の体育の授業はクメール体操が主であることから正に、ゼロからスタートのプロジェクトであった。

2007年に最初の学習指導要領が認定された際、専門家としてカンボジアに派遣された当時筑波大学の岡出美則准教授は、陸上、器械体操、リズム運動、サッカー、バスケットボール、バレーボール、体力テストが導入された理由について、種目については学校体育・スポーツ局からの提案であったという。個人的には、サッカーとバスケットボールという球技を2種目もやる必要があるのか、1種目にして長期にわたって授業展開をした方が良いのではないかと思ったという。これらの内容をプロジェクト・マネージャーであった山口所長が取りまとめ、現在の6種目プラス体力測定になったという。

日本の学習指導要領をモデルに

種目選定の過程では学校体育・スポーツ局内でも議論が起こり、事務次官の意向を受けた水泳や保健科教育の導入についても議論された。特に保健科教育については、学習指導要領に「保健体育」と併記されているものの、保健科教育を教育総局学校保健局が養護教育（保健室）と一括管理していた経緯から、実際の普及活動を進めることが出来なかった。

また、小学校の学習指導要領を作成する際には、どのような体育を目指すかについては、各国の体育事情を説明したうえで検討した。スポーツ教育モデル、運動学習教育モデル、健康教育モデル、道徳教育モデルを最初のワークショップ時に提示し、全参加者に確認作業を行った結果、日

本の体育科教育に近い「道徳教育モデル」が賛成多数で採用されることになった。こうして、タイ、シンガポールモデルとともに、日本モデルが残った。日本の体育は情意面を伸ばす道徳的な教育より、一定のスポーツの技能面を育成する方に偏っているので、競技的なスポーツに偏らないよう遊びの要素も入った学習指導要領となっている。しかし、実施してみるとスポーツ中心（スポーツ技術の向上）となってしまうことが課題として残った。

　最終的にカンボジア初の小学校体育科学習指導要領は低学年と高学年に分かれ、以下の目標を達成することを目指して作成された。

　【低学年】

1. 発達段階や自己の能力に即してスポーツに対する愛好的態度やそれを尊重する価値観を養うとともに、健康で安全な日常生活を営む態度を培う。（態度）

2. 発達段階や自己の能力に応じてスポーツを行ったり、鑑賞したり、多くの人達と一緒にスポーツを楽しむために必要な基礎的知識や学習方法を身につける。（知識）

3. 発達段階や自己の能力に応じてスポーツを楽しむために必要な基礎的な技能や戦術能、体力を身につける。（技術）

4.発達段階や自己の能力に応じてさまざまな人々と一緒にスポーツを楽しむために必要な社会的能力を身につける。（協調性）

5. 健康で安全な日常生活を営むために必要な知識や方法、生活習慣を身につける。（習慣）

　【高学年】

1. 発達段階や自己能力に即してスポーツに対する愛好的態度を養うとともに、健康的で安全な日常生活を営もうとする態度を培う。（態度）

2. スポーツを行ったり、鑑賞したり、多くの人達と一緒にスポーツを楽しむために必要な基礎的な知識や練習の工夫の仕方等の学習方法について理解する。また、知的能力の発達を促し、他教科の学習が円滑に

行えるようにする。（知識）

3. 発達段階や自己能力に応じて個々のスポーツを行うために必要な基礎的技能、戦術能、体力を身につけるとともに、それらの発達段階を考慮して工夫された試合の中で 実際に発揮できるようにする。（技能）

4. 発達段階に即して設定したルールを守り、自分の役割を責任もって果たすことができるとともに、多様な仲間と一緒にスポーツができる能力を養う。（協調性）

5. 心身の発達に伴う変化に対して適切に対応できるようになるとともに、健康で安全な社会生活を営むために必要な知識やその実現方法、生活習慣を身につけていく。（習慣）

　前記の目標設定がカンボジアの体育科教育をスタートさせた原点である。なお、当時は保健体育の学習指導要領として作成されており、保健に対する目標も包含された形になっている。2015年の学習指導要領枠組にも、「知識・技能・態度」が教育省としてすべての教科において身につけるべき資質であると制定されたことを鑑みれば、「態度・知識・技能・協調性・習慣」が設定された体育科の学習指導要領も同じ方向を向いて策定されたといえる。

領域という目に見えない概念

　態度、知識、技能、協調性、習慣を教えるために、実際の体育の授業では何を教えるのか。2007年に制定されたカンボジアの小学校体育科学習指導要領では、図4のような領域表が定められている。低学年では、高学年で学習するリズム運動、器械体操、陸上、サッカー、バスケットボール、バレーボールといったスポーツ競技の基礎を学ぶため、基本運動やボール遊びに注力されている。4-6学年で水泳が導入されているが、学校にプールがない状況での水泳の導入は不可能であった。前述の通り保健領域も

図4　小学校体育科学習指導要領 領域表

学生	1	2	3	4	5	6
体育／スポーツ科	基本運動			リズムに合わせた運動		
				器械運動		
				陸上運動		
	（水泳）			水　泳		
	ボール遊び			ボールゲーム	サッカー	
					バスケットボール	
					バレーボール	
保健科	健康な日常生活				身体の成長	
	（身体の成長）					
	ケガの予防					
	（疾病・予防）		疾病・予防			
	（薬物対策）			薬物対策		
	（心身の健康）		心身の健康			
その他	体力テスト					

出所：小学校体育科学習指導要領より引用（MoEYS、2007）

導入されているが、保健科目は教育総局内の学校保健局が担当しているため、この学習指導要領が保健科で実際の学校で利用されることはなかった。

　また領域表では、低学年は、基本運動とボール遊び、高学年でリズム運動、器械体操、陸上、水泳、サッカー、バスケットボール、バレーボールとなっている。しかし、実際の学校体育・スポーツ局の担当官は1年生から6年生まで6種目（リズム運動、器械体操、陸上競技、サッカー、バスケットボール、バレーボール）プラス体力テストが続いていると考えている。指導書には、それぞれ6種目プラス体力テストが記載されている。低学年のボール遊びの運動も高学年で身につける、より競技スポーツに近いサッカーやバスケットボール、バレーボールの基本運動と捉えている。

これは、領域という目に見えない概念がなかなか理解しづらかったのではないかと思われる。低学年のボール遊びという概念では理解されず、例えば3年生のサッカーであれば、2ゴールサッカーというようにそれぞれの種目として理解が進んでいた。この目に見えない概念というのは、「態度・知識・技能・協調性・習慣」を教える場面でも同様に、生徒の技能向上は目に見えるが、態度の変容等は目に見えないため、教育省担当官が学習指導要領の作成で大変苦労した点である。

「跳び箱」をイメージできない人々

　小学校の学習指導要領を作成する際には、目標や領域を考える以外に、今までカンボジアで実施されていなかった「跳び箱」や「縄跳び」といった単語をどのようにクメール語にするか等、言葉の問題も生じていた。

　日本側は当然のように「跳び箱」を入れたらよいのではないのか、跳び箱がないから学校では「馬跳び」にしようということになるが、カンボジア側としては、「馬跳び」をそのまま直訳してしまうと意味をまったくなさないものになってしまう。当時、クメール語の翻訳で悩みを抱えていたハート・オブ・ゴールドスタッフのケオ・ソチェトラは、2009年以前は、スポーツ用語はもちろん、「体育」という言葉さえ分からなかった。いつも「スポーツ＝ケイラー」と言われ、「体育＝オプロムカイ」は英語で何？　日本語で何？　と考えなければいけなかった。ケオ・ソチェトラは以下のとおり語る。

　「2009年以前は、スポーツ用語はもちろん、「体育」という言葉さえ分からなかった。学校体育・スポーツ局の人たちでさえ、「体育」の意味を理解している人はほとんどいなかった。「跳び箱」も日本語では「跳ぶ＋箱」となっており、イメージができなかった。ナショナル・トレーナーの1人、マン・セタ氏と話をし、クメール語で箱を意味する「プロオップ」と、障害物を意味する「オパサッ」という言葉を組み合わせれば、跳び箱を理解してもらえるのではないかと考えて名付けた。名付ける際には日本から取り寄せた

VCDなどで確認し、筑波大学や東京学芸大学の付属小学校で指導する小学校教師や大学教授に来訪いただき、各地を回って指導しながら模範例を示して頂いた。それを実際に当時の指導書案に記載し、学校体育・スポーツ局の人たちに見てもらい、意見を交わして一緒に理解していった」。

　かくして、2007年6月に小学校体育科の学習指導要領が教育省により認定された。「カンボジアで初めての体育科学習指導要領」という言い方は正しくもあり、間違いでもある。今までにも体育とはどのようなものなのかを記した文書はあった。一方でプラム・ブンジー氏は、体育授業の具体的内容が記載された学習指導要領としては初めてだったと言う。少なくとも、生徒が獲得すべき資質についての目標が明確に記載された学習指導要領は初めてであった。体育の中で実施されるリズム運動、器械体操、陸上競技、サッカー、バスケットボール、バレーボール、体力測定を通じて子どもたちは、「態度、知識、技能、協調性、習慣」を学べるようになったのである。

　学習指導要領が作成された後には、それを各学校に配布し伝えていかなければならない。全国約7,000校の小学校へ今までとは違う「新しい体育」の価値を伝え、実際に教え方を学び、体育の授業に導入していくのは、まだまだずっと先の話である。

2節：現地のワークショップでできること、日本での本邦研修でできること

体育科教育振興プロジェクトの実施

　小学校体育科の学習指導要領が作成された後、2008年2月までは指導書案の作成が続けられ、2009年6月から第2フェーズである「小学校体育科教育振興プロジェクト」が始まり、2012年6月まで継続して改定が繰り返された。

　小学校体育科教育振興プロジェクトの目標は、カンボジアの小学校体育

科教育において、教育省学校体育・スポーツ局が自立的に普及できる体制が確立されること。カンボジア全土を5つの地域に分け、各地域の特色を考慮し、5州（バッタンバン州、シェムリアップ州、シアヌークビル州、クラチェ州、スヴァイリエン州）を対象州として、各州で小学校2校および小学校教員養成校1校を対象校とし、半年ずつ普及プログラムを実施することにした（図5参照）。

　具体的には①対象校の選出、②事前モニタリング、③体育講習会、④導入ワークショップ、⑤1回目モニタリング、⑥2回目モニタリング、⑦3回目モニタリング、⑧公開授業、のセットを5つの地域で半年ずつ繰り返していく

図5　プロジェクトイメージ図（小学校体育科教育振興プロジェクト）

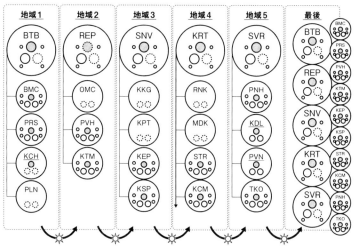

【略語解説】
BTB：バッタンバン
REP：シェムリアップ
SNV：シアヌークビル
KRT：クラチェ
SVR：スヴァイリエン

BMC：バンテアイミンチェイ
PRS：プーサット
KCH：コンポンチュナン
PLN：パイリン
OMC：オドーミンチェイ
PVH：プレアヴィヒア

KTM：コンポントム
KKG：コッコン
KPT：カンポット
KEP：ケップ
KSP：コンポンスプー
RNK：ラタナキリ
MDK：モンドルキリ

STR：ストゥントレン
KCM：コンポンチャム
PNH：プノンペン
KDL：カンダール
PVN：プレイヴェン
TKO：タケオ

プロジェクトが組まれた。最後の半年は評価時期と定め、改めて5州の対象小学校および教員養成校を巡回し、一定の体育授業の質を確保できている学校は「研究指定校」と認定し、プレートを贈呈した。その結果、事業終了時には2つの教員養成校および6つの小学校が研究指定校に認定された。また、このプロジェクトの成果として、学校体育・スポーツ局の担当官6名をナショナル・トレーナーとして認定し、その6名を中心にワークショップなどで小学校の教員を育成していくことにした。

ワークショップの限界

　プロジェクトのワークショップやモニタリング、本邦研修等を通じて、教育省担当官や州・郡教育局担当官、学校の校長先生や体育授業を実践する教員は、実際に何を学んできたのだろうか。

　プロジェクト開始当初から参加している学校体育・スポーツ局の副局長、ドク・キリラット氏は、「これからの子どもたちにどのような体育を受けてもらう

クメール体操の様子

かを考えていかなければならないと思った」と語った（HG、2021）。

　それまで、ほとんどの学校の体育は40分授業で、最初の10分程度はクメール体操を実施していた（前ページ写真）。クメール体操は1人の生徒が前に出て、号令をかける。それぞれの動きに動き1-1、2-3といった番号があり、それに従った動きを全員でする。現場の先生にとって「体育」という概念がこれに類するものなので、それらを、サッカーやバスケットボール、リズム運動等を通して、「態度・知識・技能・協調性・習慣」を学ぶマインドセットに変えていくことは難しい。ナショナル・トレーナー自身が学んできた体育もそのようなものでは、自分たちでそれを変えていくのは難しいと思われる。

　2012年に筆者が渡航して以来、ワークショップは、日本から派遣された専門家にカンボジアに来てもらい講義してもらうか、筆者やハート・オブ・ゴールドのカンボジア人スタッフが講義を行うか、どちらかのパターンで実施してきた。筆者自身も体育教員の免許や専門性を有していないため、最初に専門家の講義を聞いた際、何を話しているのかほぼほぼ理解できない状況にあった。日本語で講義をしていただいていても理解できない中、通訳を介して教育省担当官がどのくらい理解できているのか知りたいと思った。

　そこで、専門家のワークショップの後、筆者が講師を務めるワークショップを調整し、専門家の講義を改めて紹介し、実際のカンボジアの状況ではどのような場面に相当し、どのように理解しているのか、グループワーク等を活用して教育省担当官の理解度を確認してみた。案の定、理解力が大きく異なることもあり、想定した結果が返ってこないことが多々あった。

「記載」ではなく「実施する」こと

　中学校の学習指導要領を作成する際、専門家の話をもとに実現可能な内容のグループワークを実施したことがあった。水泳を学習指導要領に入れるか、入れないかの話になり、教育省担当官は入れたいと主張した。入れたい気持ちは理解できるが、論理的にプールがないと実施できないため、

その方策がない限りは学習指導要領に入れても絵に描いた餅になってしまう。学習指導要領に「記載する」ことが目的ではなく、学習指導要領に記載した内容が実際の学校で「実施される」ということが目的なのだが、それが見えにくいのではないかと感じた。

　また、中学校の体育科指導書作成の際には、実際に作成した指導書案に基づいて指導案を作成することを、グループワークで実施してみた。結果、1つの授業に対してどのように目標を選べばよいのか、目標と評価が一致しているのかなど、彼らが実際に作成した指導案を確認することにより、教育省担当官が本当に理解しているか否かを確認することができた。ワークショップはたくさんの参加者を呼べるというメリットはあるものの、深い学びにすることはなかなか難しい。年間計画・単元計画・指導案を作成するなど、ワークショップの中で成果を明確にし、学びを成果として形に残す、自分達からも発信することが必要である。

強烈な印象を与えた「運動会」

　ワークショップは現地で多くの参加者を集められるが、深い学びとなることが難しいとされていた一方で、限られた人数を日本での本邦研修に呼び、日本の体育を肌で感じてもらうことはカンボジア側関係者の認識・意識を変えるうえで絶大な効果があった。

　日本への渡航となると参加できる人数が限られるため、当時は学校体育・スポーツ局のナショナル・トレーナーのみが本邦研修の対象であった。良い体育の授業とは何なのか、カンボジア国内では日本のような授業が見られない中、日本の体育を見ることによって、先生の指導やタイムマネジメントの仕方、視覚教材の見せ方、学習カードの活用方法などを参加者に会得させることをねらった。その結果、実際に日本で実施している現場を見ることで、それをカンボジアの学校現場にも紹介するケースが少しずつ増えてきた。

　カンボジア教育省の方々が本邦研修で特に影響を受けたのが運動会で

本邦研修にて日本の体育授業を視察する教育・青年・スポーツ省担当官

ある。2011年、自治体国際化協会助成金を活用して7名の研修員を受け入れたが、その際に視察した運動会の印象は特に強く、2013年には学校体育・スポーツ局が主導で運動会を実施するまでに至っている。運動会開催前の約半年に、岡山大学の原祐一講師（当時）に中心にかかわっていただき、運動会の目的を時間をかけて話し合った。最終的に①スポーツ文化をみんなで楽しむこと、②体育授業の成果を発揮する場、③地域の方々との連携を図る場とすることが決められ、その後、バッタンバン州、スヴァイリエン州へと広がっていった。2015年には、自治体国際化協会国際協力促進（モデル事業）助成金で7名の学校体育・スポーツ局担当官が岡山で研修し、運動会のマニュアルを仕上げるというところまで至った。

　このように、現地でのワークショップと本邦研修では、それぞれメリット・デメリットがあり、どちらが良いということを一概に明記することは難しい。現行の国立体育・スポーツ研究所4年制大学化プロジェクト内の教員養成活動では、本邦研修の後に国立体育・スポーツ研究所でのワークショップを

設けている。日本に学びに行った教員が内容をまとめて、自分たちでワークショップを開催できるように準備を進めている。本邦研修に参加して終わりではなく、参加した後も自分たちで学んだことをアウトプットする機会を設けることで、自分たちでさらに調べ、国立体育・スポーツ研究所内で広げることで、自分自身の学びにもつながり、知識・経験が共有されるよう進めている。

日本の先生も工夫している

　本邦研修に今まで数多く同行しているハート・オブ・ゴールドのケオ・ソチェトラは、初めて研修に参加する教育省担当官について、「カンボジアの先生たちは基本的に『体育＝週2回月曜日と金曜日に校庭に出て、クメール体操をする』という概念で体育を考えているため、クメール語や算数と同じ教科の1つという認識を確認する点から説明しなければならなかった」と話す。

　指導書を見せても、「カンボジアには道具がない」「日本は道具があるからできる」と不満が出たが、日本の先生たちも工夫しており、ペットボトルを使ったり、紙を切ってコーンにしたりしている、と説明していった。跳び箱もカンボジアにはないため、人を使って馬跳びをしたり、ごみ箱を跳び箱の代わりにしたりしていた。話すだけだと分からないため、ナショナル・トレーナーたちは実際にロープを切って縄跳びにしたり、実演をしたりしながら見せていった。一度見せると、実際、現場の小学校の先生は飲み込みが速く、賢かった。ストゥントレンの小学校では、クロマー（カンボジアのマフラーのようなもの）をつなげてロープにして授業で活用したりしていた。

　ケオ・ソチェトラ自身、2005年の最初の本邦研修、2008年のハート・オブ・ゴールド事業での"かすみがうらマラソン"に参加し、2011年にも来日しているが、ハート・オブ・ゴールドに入ってしばらくは日本の体育の授業を見る機会がなかった。専門家の授業や当時プロジェクト・マネージャーをしていた山口所長の授業を見たりしていたが、なかなか理解できないことも多

かった。そんな彼も「日本で見た体育の授業はとても感動した。全員が体育の授業に参加しているし、このような体育をカンボジアにも伝えていきたい」と思ったという。例えば日本の先生は、紙に川の絵を書いて、それをグラウンドに貼って、生徒たちに川をジャンプするようなイメージをさせていた。このような実際の例を間近で見れたことは、本邦研修の大きな魅力だという。

3節：「7人の侍」のようなリーダーの出現

　「新しい体育」を普及させるために、プロジェクト内では学習指導要領や指導書の作成を進めていった。フェーズ2では、カンボジア全1都・23州（当時）を5つの地域に分け、それぞれの地域内に拠点州を設けた。拠点州の対象校で長期かつ集中的にワークショップ、モニタリングを実施することで、対象校での体育授業の質は向上した。

　学校体育・スポーツ局の担当官も、ワークショップやモニタリングを通して知識や経験を蓄積していくことができた。

　学校体育・スポーツ局の副局長を務めるドク・キリラット氏とマン・ヴィボル氏は、常にプロジェクトチームを取りまとめてきた。事業開始当初は、学校体育・スポーツ局の仕事以上にハート・オブ・ゴールドとのプロジェクトの仕事が忙しくなり、「チーム・ハート・オブ・ゴールド」と呼ばれたりしたという。ドク・キリラット氏は発言力が強く、学校の先生や各州の教育局の人たちへの影響力は多大であった。一方でマン・ヴィボル氏は元々クメール語の先生であったことから勉強熱心で、学校現場から積極的に情報を収集し、体育への学びを深めていった。小学校の教員養成校の指導書も自ら作成を進めていくなど、行動力にも特筆するものがあった。

　彼ら2名をはじめ、カンボジアで最初に育成されたナショナル・トレーナー6人とケオ・ソチェトラは、プロジェクト内で「7人の侍」と呼ばれていた。「7人の侍」は黒澤明監督の作品で百姓に雇われた7人の侍が活躍するストーリーではあるが、カンボジアの体育においては、日本から学んだ6人の

教育省担当官と1人のハート・オブ・ゴールドのスタッフを意味し、その7人の侍がまだ新しい体育を知らない学校の先生や校長に体育の価値を伝え、普及して行くというストーリーになぞらえている。

ケオ・ソチェトラは、「7人の侍」という呼び名は大変誇り高い呼び名だと感じており、侍という言葉はカンボジア人であってもみんなが知っていて、当時はどこのワークショップに行くにも、モニタリングに行くにも7人一緒で、みんな誇りを持って活動に参加していた。学校の先生たちや州の教育局の人たちがそう呼んでくれていたわけではないが、7人のすごい人という誇りをもって、体育をみんなに伝えて行こうという想いをもって、ワークショップやモニタリングに行っていた。

バッタンバン州のアンロンベル小学校での話だが、サブ・ナショナル・トレーナーがたまにナショナル・トレーナーに代わっていくようになり、学校の先生たちと話をしていたが、その内容がよく理解できないと文句を言われたことがあった。そのくらいナショナル・トレーナーは新しい体育について理解しており、信頼もされていた。

NGO職員と教育省担当官は、始めからスムーズにコミュニケーションがとれていたわけではなく、活動を通して長い期間をかけて信頼関係を構築している。ケオ・ソチェトラは2009年以前、彼らとコミュニケーションを取ることに問題を抱えていたという。「指導書案も書いてくれないし、書くのが遅かったということもあった。そんな時には、学校体育・スポーツ局長のプラム・ブンジー氏から話をしてもらい、私たちはカンボジア人だが日本人がサポートしてくれている。少しずつでも前に進んでいこうとナショナル・トレーナーたちのモチベーションを上げてくれた」と話す。

2009年には、ケオ・ソチェトラも彼らの気持ちや考えが理解できるようになり、彼らもケオ・ソチェトラの考えを理解してくれるようになった。特に学校体育・スポーツ局の副局長であったドク・キリラット氏（小学校担当）と、マン・ヴィボル氏（カリキュラム担当）は2009年から学校体育・スポーツ局の

体育普及プロジェクト初期メンバーを回顧するマン・ヴィボル氏のFacebook投稿

政策として教科書を作りたいと積極的に動き始めてくれていた。

　マン・ヴィボル氏は当時を振り返り、上記の写真をFacebookに公開している。プロジェクト・マネージャーの山口所長を含めて、7人のナショナル・トレーナーとトラックの後ろに乗って体育普及に奔走した時代は、今も彼らの記憶に残り続けている。

　当時の7人のナショナル・トレーナーのうち、ミヴ・ソパル氏は2017年に突然の病にてこの世を去った。誰よりも明るく、笑顔で先生方にも接していた担当官であった。このように体育の価値を理解した担当官がいなくなってしまうことは心痛いが、一方で、そういう状況が起こるからこそ、次の世代に引き継げるよう体育をしっかり継続して普及していくシステムを構築していかねばならない。

　人間関係は長い時間をかけて構築されており、ハート・オブ・ゴールドのカンボジア人スタッフも教育省との信頼関係を少しずつ築き上げている。教育省担当官から見るとNGOの職員は年も若いし、立場上素直に話を聞く

ことが難しい。スタッフの中には、なかなか良好な関係を築けなかった人もいる。

　体育の普及のためには、もちろんプロジェクトの計画書に記載されている活動をこなし、プロジェクト目標、成果の達成を目指すのだが、それを達成するためには、教育省担当官一人ひとり、ハート・オブ・ゴールドのスタッフ一人ひとりが、それぞれの人間関係を構築し、自分自身の知識の向上に1つずつ向き合うことで共に育つ環境が生まれることが事業を成功に導くのではないかと考える。

4節：成果を持続させるために

「もったいない」で終わらせていいのか

　ハート・オブ・ゴールドは2006年から体育科教育支援のプロジェクトを実施しているが、プロジェクト期間中は事業予算が確保できているし、教育省担当官、州・郡教育局、校長や教員への交通費や日当も賄うことができる。一方で、難しいのはプロジェクトが終了した後でも前記関係者が継続して体育の普及に取り組んでくれるかということである。

　筆者は2005年から2007年にかけて、海外協力隊の一員としてとして南米のパラグアイで2年間活動をした。基本的には2年間のボランティア活動であった。海外協力隊はJICAの他の技術協力プロジェクトとは関連付けられておらず、2年間活動を終了した後に後任を要請することはできるものの、ボランティア終了後の持続性には特段約束や保証はない。当時、筆者は自分自身の活動に自信があったが、正直「もったいない」とも感じていた。社会人経験のない若者にプロジェクトの持続性を求めるのは荷が重すぎるものの、青年期という重要な時期に情熱を注いで活動した協力隊の2年間を、ただ「ボランティア」としてのみ終わらせてしまうことに「もったいない」と感じたのだ。

　2012年にカンボジアに渡航して6月にフェーズ2のプロジェクトが終了した

際も、この3年間のプロジェクトのみで活動が終わってしまうことに対して「もったいない」と感じた。そこで、次のプロジェクト申請の際には「普及体制の構築」という新たなプロジェクト目標を立て、成果が継続できる体制を構築することを目的とした。この考えは筆者の前任である山口所長のRECTIという普及のアイデアからきている。

「RECTI」というアイデア

RECTIとは、Rectification（改正、訂正という意味）という単語に由来しており、合わせてRegional Education Center Transferring Initiativeの略語でもある（図6）。対象5州の2つの小学校、1つの教員養成校がカスケード方式（階段状の滝を意味するカスケードに由来し、段階的に上から下のレベルに水が流れるように普及させていく方式のこと）の頂点となり、他の小学校に普及していくというシステムである。プロジェクト内ではモデル校を対象に集中的にワークショップやモニタリングを実施し、カスケード方式の出発点である拠点校での人材育成は達成された。

図6　RECTI説明図

略　語	・Rectification [Recti-] ・《名-1》改正、訂正、《-2》調整、《-3》《電》整流（作用）
名　称	・Regional Education Center Transferring Initiative ・地域教育センター主導の情報伝達
方　式	・研究指定校（養成校・小学校）を通じた情報伝達方法 ・クラスター制度導入前のカスケード制度

出所：山口所長のプレゼンテーション資料より引用（山口、2012）

　フェーズ3では、山口所長のRECTIのアイデアをもとに、フェーズ2で普及した5州（モデル州）を中心として、その近隣州（普及州）への普及を計画した。教育省には、6名のナショナル・トレーナーと6名のサブ・ナショナル・トレーナーがいたため、サブ・ナショナル・トレーナー6名をナショナル・トレーナーに昇格させることを目指した。また、5つのモデル州では、地域トレーナーを各6名、5州で計30名（フェーズ2のモデル小学校、教員養成校から選出）の育成を目指した。

　地域トレーナーが中心となり、普及州へナショナル・トレーナーと共に巡回し、新しい体育の導入を進めるよう考えた。ハート・オブ・ゴールドはプロジェクトを実施するが、あくまで教育省のナショナル・トレーナーや地域トレーナーをサポートする立場に立ち、彼らが自分たちでワークショップやモニタリングを計画できるよう促した。事業終了後には、これからは学校体育・スポーツ局が中心となった普及を進められるよう教育大臣に提案することで、小学校での体育科教育普及の一連の取り組みを完了することを目指し、フェーズ3のプロジェクトを計画した。プロジェクト内で達成した成果を、カンボジア全国で体育の普及を進めるためにはどのような方略が必要か、教育省への提言書を作成して提出することでプロジェクト終了後も新しい体育の普及が進んでいくことを目指した。

体制はできたが予算に課題

　このプロジェクトは筆者がハート・オブ・ゴールドに入り、最初に立案したプロジェクトであった。ハート・オブ・ゴールドとしては3期目の事業となるが、10年近くプロジェクトを継続していた中でも特に持続可能性を重視した。また、前フェーズでの達成状況を見極め、5州から15州への対象州の拡大、5州で育成された教員の活用、サブ・ナショナル・トレーナーのナショナル・トレーナーへの昇格等、今までの成果を活用した事業計画となっていた（図7）。

図7　プロジェクトイメージ図
　　　（小学校体育科教育　自立的普及に向けた人材育成および体制構築のための事業）

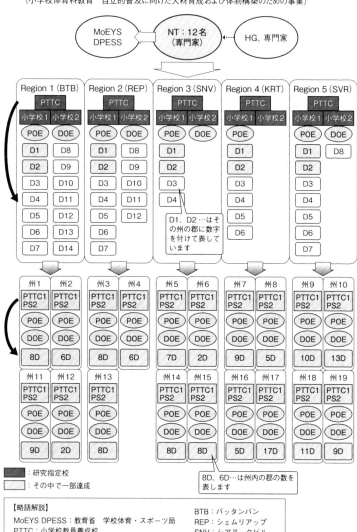

　事業終了時には無事30名の地域トレーナーも認定され、体制としては、事業終了後も体育普及が継続できる体制が構築できた。一方で、予算という課題も見えてきた。プロジェクト期間中に支払うことができたワークショップやモニタリング開催費、関係者の交通費・日当という予算はカンボジア側が国・州・郡・学校の各レベルで予算を確保しない限り、継続することはできない。フェーズ3の終了後には、学校体育・スポーツ局は独自予算にて、指導書の印刷やワークショップの開催ができるようになっていた。

　しかし、カンボジア全土の1都24州への普及という点では、12人しかいないナショナル・トレーナーが全州をカバーすることは、極めて難しい課題である。スピードは遅いかもしれないが、2016年の事業終了時に小学校の体育普及は一旦学校体育・スポーツ局が担っていけると判断し、2015年から始めていた中学校の体育普及を進めていくことになる。

　州・郡教育局の担当官の役割・意欲については、ワークショップ等の場の設定はできるようになったが、なかなか体育の授業を実際にモニタリングし、学校現場にアドバイスや提言を行うということはできていない状況であった。

第 3 章

「新しい体育」の普及

1節：新しい体育へのモチベーションは教員によりさまざま

　今までクメール体操を実施していた先生たちは、突如プロジェクトの開始によって「新しい体育」の実践を強いられることになった。教員になる際、教員養成校でも聞かされていなかったことであるため、1から学ばなければならなかった。教壇に立ったばかりの若い先生たちならまだしも、中には給料が上がるわけでもないのに、急に6種目に加えて体力テストを教えなければならなくなったと思い込んでいた先生もいた。このような先生たちにとって、新しい体育の導入はたまったものではなかっただろう。

　ワークショップをする際には、大きく分けて2種類の参加者がいたと考えられる。1つのグループは新しい体育の教え方を学ぶために参加した人。もう1つのグループはワークショップに参加することでもらえる日当を目的に参加した人。新しい体育の教え方を学ぶモチベーションのある先生とそうでない先生とでは、問題意識に大きな違いがある。

　バッタンバン州のインシダーレ小学校のニム・ソカー教頭は、新しい体育の目的は生徒が楽しむだけでなく、生徒が体力をつけ、知識や技能や協調性を身につけることだと考えた。生徒の考える力を伸ばすことができ、さらに体育のおかげで将来もスポーツに意欲的に取り組み続ける生徒を育てることができると信じているという。

　また、同州バダック小学校のプレアップ・ヴァンター先生は、新しい体育はすべての生徒が積極的に参加することが目的で、新しい体育を教えることで、生徒が指導書に記載されている知識を身につけることができると考えた。「ワークショップに参加することで年間計画、指導案の作成方法等の新しい知識を得ることができ、新しい体育を教えることで、生徒が以前に比べて賢くなった」と語る。さらに、生徒に体操着を購入する等、保護者の積極的な参加も見られるようになった。

　前述の通り、一度ワークショップで話を聞き、実際に学校で新しい体育を実践している先生たちは、今までの体育との違いを肌で感じており、教える

ことで子どもたちが変わることも実感したことがうがえる。この違いを感じられる先生は新しい体育へのモチベーションが高く、それが体育の普及に大きく影響していたと考えられる。

2節：モニタリングの苦労

"体育コミュニティ"をつくる

　学校体育・スポーツ局の担当官は、ハート・オブ・ゴールドが支援するプロジェクトの中で「新しい体育」授業のモニタリングを開始した。教育省という立場上、担当官は学校の教員よりは上位の役職となり、通常なら学校教員が敬意を持って丁寧に話をしないといけない立場である。しかし、体育の授業という点では、教員は唯一子どもたちに体育を教えられる存在であり、教育省の担当官は教員に代わって体育を教えることはできない。ナショナル・トレーナーたちが作成した学習指導要領の内容を教員が子どもたちに教えられるようにするには、ナショナル・トレーナーと教員が対等に話ができる関係づくりをまずしていかなければならない。本プロジェクトに関与した岡出美則教授はそのような良好な関係のことを「体育コミュニティ」と呼んでいた。この体育コミュニティの考え方は、学校体育・スポーツ局の担当官の中でも少しずつ広がっていった。

　学校体育・スポーツ局のナショナル・トレーナーは、2012年には6人であったが、さらに6人がサブ・ナショナル・トレーナーとなった後、サブ・ナショナル・トレーナーの6人が2016年にナショナル・トレーナーとなった。この12人の間でも役職の違いがあり、若い担当官や女性の担当官はなかなか自分の意見が言えなかったのではないかと思う。モニタリングでは、終了後に学校体育・スポーツ局のナショナル・トレーナーおよびハート・オブ・ゴールドのメンバーが集まって反省会を実施していた。それぞれが学校へのモニタリングで考えた評価理由をあげていくことになっているが、最初に副局長が話をした後では、他のナショナル・トレーナーは自分の意見を言いにく

かったのではないかと考える。

体育コミュニティを広げる事が普及の近道

　体育の授業をモニタリングし、公平に授業を評価し、授業の質を高めていくには、役職や所属先に関係なく、公平に体育の授業のみに着眼した授業評価をしていく必要があった。外部者として心がけたのは、誰もが平等に意見を言える機会の創出と話し方の工夫である。岡出教授が当時言われていたことは、体育コミュニティを広げていくということだった。「体育」を広げていくには、より多くの賛同者が必要であり、ナショナル・トレーナーと教員・生徒だけでもなく、保護者や地域の関係者も含めていろいろな人を巻き込んでいく必要があった。Facebook等のSNSでも同様に、「体育」というキーワードでつながる仲間をできるだけ多く集めていった。

　UNESCOもプロフェッショナル・ラーニング・コミュニティというものを提唱しており、教育者が教授法を向上したり、生徒の学びを向上させたりするために、教育者が定期的に集い、経験を共有し、協働していくことが重要となる（UNESCO[1]）。学校の教員だけでは体育は普及せず、教員と校長などのマネジメント側、また学校を超えての情報の共有がないと、情報の流れが固定化され、経験値が広がらない。自分たちが理解し、教え方が向上したときに、それが他の教員にも理論的に説明できるようにならないといけない。

　このように、ナショナル・トレーナーと州・郡教育局担当官、学校の校長・教員は良好な関係を築いていく必要があり、体育コミュニティを広げていくことが体育を普及させていく最短の近道であった。ナショナル・トレーナー、ハート・オブ・ゴールドのスタッフが共に言うように、校長の体育に対する理解が重要で、ただ教員に新しい体育について話をするだけでは、体育普及のシステムを構築することはできないのであった。

---

1) https://www.unesco.org/sdg4education2030/en/sdg4education2030/knowledge-hub/teachers-teaching-teachers-professional-learning-community-educators

コラム③　体育分野のドラえもん

　岡出美則教授は、ハート・オブ・ゴールドのカンボジア体育科教育支援プロジェクトに最初からかかわっていただいている先生である。

　2012年、私が赴任して最初に講義を聞いたときには、正直何を話しているのか理解することが難しかった。私自身が体育のバックグラウンドがないこともあったが、難しい言葉や概念の説明や、日本や世界での事例を理解するには各国の学習指導要領や体育制度の知識が必要なため、カンボジアでの活用が難しい場合もあった。そこで、ワークショップの合間に時間を見つけては岡出教授に質問をぶつけ、理解できるように務めた。

　岡出先生はカンボジアの教育省関係者にも、「これをしなければいけない」とか、「こうしなさい」というようなことは決して言わない。最終的にはカンボジアのことは、カンボジアの教育省が決めて進めていくべきだと考えている。こうした相手の立場を尊重し、日本のやり方を押し付けないところが、カンボジア人から尊敬され、慕われている理由だ。また岡出教授自身、自分だけが専門家として携わることが事業の持続性も含めて適切ではないと考えている。他の大学の先生方も紹介していただくなど、1人に負担がかからないよう配慮いただいていることも大きい。

　私は、ハート・オブ・ゴールドのスタッフに岡出教授を紹介する際には、体育分野の「ドラえもん」と説明している。ポケットからいろいろな情報を提供していただき、それぞれの情報がカンボジアの体育を発展させるうえで貴重なアドバイスとなるからだ。

　体育を普及していくうえで、「体育コミュニティ」を作っていくことが重要であると教えていただいたのも岡出教授で、その教えは今のプノンペン都、バッタンバン州、スヴァイリエン州の先生方をSNSでつなげていくような活動にもつながっている。

2020年に日本体育大学への修士課程に入った私は、岡出教授から2年間指導を受けた。論文の書き方だけでなく、内容も見ていただくことができた。また、英語で書いたことにより、将来的に国立体育・スポーツ研究所の教員や生徒たちも参考にできる論文になったのではないかと思う。

　岡出教授は、2020年にはハート・オブ・ゴールドの代表理事有森裕子と共に、国立体育・スポーツ研究所の名誉教授に就任した。これからも継続して国立体育・スポーツ研究所に対して指導をいただけることは、国立体育・スポーツ研究所にとってもこのうえない喜びであろう。

3節：学習指導要領も指導書も公文書

　「新しい体育」の普及についてもう1つ考えなければならないのが、学習指導要領と指導書の位置づけである。日本では学習指導要領は文部科学省が告示し、法的拘束力を持つ。指導書や解説書といった文書は各出版社が作成する参考書という位置づけにあり、法的拘束力を持たない。これに対しカンボジアでは、どちらも教育大臣が認定しており、法的拘束力を持っている。では、この2つの文書はどこがどう異なるのか。

　学習指導要領は、小学校、中学校、高等学校の各レベルにおいて、「体育という教科の中で何を学ぶか」が記載されている。実際の授業の内容について概要は記載されているものの、「新しい体育」を学んでいない、特に現職の先生たちが学習指導要領のみで「新しい体育」を教えることは極めて難しい。

　指導書は英語で「Teachers' Manual」と記載するように、先生にとってのマニュアルである。実際の体育の授業では、先生たちは年間計画、

出所：小学校体育科学習指導要領
（MoEYS、2007）

出所：小学校体育科指導書
（MoEYS、2014）

単元計画、指導案の記載を作成することが求められており、指導書はそれらの資料を作成できるよう編集されている。

　日本では、教員が教え方のアイデアと、生徒たちの発達・達成状況を見る力があり、自分たちの考え方を持っているため、学習指導要領解説にはあまり具体的な内容が記載されていない。しかし、カンボジアの場合は、教員の発想力に委ねてしてしまうと、何をしたら良いのかが分からない状況が発生するのである。そのため、例えばサッカーの時間数は10時間といった具合に定められ、4年生では「ラインサッカー」というように種目も指定されている。モニタリングに行く際、4年生で他のサッカーの授業（例えば、チェスサッカーや2ゴールサッカーといった他の学年で教えるサッカー）を実施している場合は、その点について教育省担当者は教員に確認を求めることになる。日本人的な考えでは、本来生徒の学びを考えた場合、4年生で2ゴールサッカーやチェスサッカーが効率的に機能する場合も考えられるため、このような確認は不要ではないかと疑念を抱かれるかもしれない。しかし、カンボジアにおける「新しい体育」の普及という視点で考えた場合に

は、ワークショップやモニタリングを実施した学校の場合は良いが、他の学校への普及と考えると、教員にあまりに自由度を与えすぎるのではなく、教える内容が決まっていた方が効率的という見方もできるのである。

第4章

体育科教育支援に追い風

1節：小学校から中学校の協力への広がり

突然、道が開けた

　ハート・オブ・ゴールドでは、小学校体育科教育支援に取り組んだ後に中学校体育科教育支援に取り組みだした。そこへの道筋は、カンボジアや日本を含めた世界を取り巻く状況の変化と共に突然開かれた。

　2014年の東京オリンピック開催が決まった時、当時の安倍晋三首相主導の下、「日本の体育・スポーツの価値を世界100カ国、1,000万人に届ける」という「スポーツ・フォー・トゥモロー」の活動をスポーツ庁が推進し、戦略的二国間国際貢献事業という形で事業の募集が開始された。ハート・オブ・ゴールドは以前より教育省側から、中学校体育への支援も依頼されていた。しかし、予算確保が難しいことや小学校体育がしっかり根付いていないこともあり、中学校への移行には難色を示していた。しかし、突然、スポーツ・フォー・トゥモロー事業の開始により、その道が開かれたのである。

　ハート・オブ・ゴールドは当時、草の根技術協力事業「カンボジア小学校体育科教育 自立的普及に向けた人材育成および体制構築のための事業」（2013 〜 2016年）に取り組んでいる真っ最中であり、中学校事業に割く人的余裕はなかった。ただ、小学校での活動が普及中心に進められていく中、中学校の学習指導要領がないことについては、かねてから課題と認識しており、教育省からも支援の依頼を受けていたのだった。

　この千載一遇のチャンスを逃すわけにはいかない。すぐにスポーツ・フォー・トゥモロー事業の申請書作成を開始した。まずは学習指導要領を作成するため、実際の中学校の体育の状況を把握することから始めた。また、どのように学習指導要領を作成していくかという方向性の確認作業を、調査事業として申請書に盛り込むことにした。

　2014年、限られた時間の中で作成した申請書であったが無事採択された。長年に及ぶハート・オブ・ゴールドと教育省との協力・信頼関係に基づ

き、事業開始までの手続きを最小限に抑えつつ、プロジェクト目標の達成の可能性が高いことを申請書できっちり言及できたことが功を奏したものと思われる。

プロジェクト・マネージャーがいない

この新規事業での一番の問題はプロジェクト・マネージャーの確保であった。2012年から東南アジア事務所長を務め、当時JICA事業のプロジェクト・マネージャーをしていた私は、両プロジェクトを担うことはできないので、早急に本件のプロジェクト・マネージャーを探すことになった。公募もかけたが急には見つからない。しかし、ここでも幸運に恵まれた。2014年12月にシャンティ国際ボランティア会を定年退職し、当時カンボジアに在住しておりすぐに勤務を開始できる手束耕治氏に白羽の矢が立った。タイミングというのは本当に大事だと思う。かくして、2015年1月から3月までの中学校体育学習指導要領作成の調査プロジェクトを無事開始することができた。

1月にコンポンチャムとパイリンの2州の体育の実態調査を行い、2月には日本の中学校体育に関する本邦研修を実施し、3月には岡山大学の原祐一講師を招待してのカンボジア中学校体育の方向性を検討するワークショップを開催した。

中学校の体育は小学校と異なり、体育専任の教師がいるため、教師の基本的知識は小学校より高かった。一方、カンボジアで唯一、2年間で中高の体育教員を養成している教員養成機関である国立体育・スポーツ研究所では、スポーツトレーニングのような教え方で教員を養成し、技能を向上させるということにフォーカスされていた。スポーツが苦手な子も得意な子もいる学校教育の中で、そのすべての生徒が活動に参加できるように教えるという新しい体育の教え方とは程遠い内容になっていた。

実態調査で露呈した温度差

2015年1月の、実態調査は2チームに分かれて同時に開始された。小学校と中学校では教育省内の担当部署も異なる。小学校のプロジェクトを担当していた学校体育・スポーツ局に加え、中学校の教員養成は国立体育・スポーツ研究所が担っていたため、新たに国立体育・スポーツ研究所の職員もプロジェクトのメンバーに加わった。ケオ・ソチェトラは、国立体育・スポーツ研究所の担当官との協力を開始した際はとても難しかったと話す。小学校の体育を知っている学校体育・スポーツ局のメンバーと、小学校体育を知らない国立体育・スポーツ研究所のメンバーでは考え方が異なり、後者は「体育」＝「トレーニング」という考えを最初は持っていたという。

コンポンチャム州での実態調査は、国立体育・スポーツ研究所局長、プロジェクト・マネージャーの手束他、国立体育・スポーツ研究所および学校体育・スポーツ局メンバー合計8名で実施された。パイリン州は、国立体育・スポーツ研究所副局長、筆者他9名で実施した。コンポンチャムとパイリンでは、カンボジアで伝統的に行われている「クメール体操」やサッカーやバレーボール、陸上といった教師が教えやすい種目を、目標なく実施している現状が見られた。パイリンでは日本のラジオ体操が行われていた中学校もあった。また、週2時間の体育の授業が1時間しか実施されていなかったり、2時間が連続して行われていたりする学校もあった。

アンケート調査では、ほぼすべての教員が新しい体育に興味を持っていること、人材育成が重要であることが確認できた。新しい体育を導入するためには、教員養成をしている国立体育・スポーツ研究所のカリキュラム内容も変える必要があったが、国立体育・スポーツ研究所の職員はこれまでの教員養成の考え方を突然変えていくことに戸惑いを感じていた。このように学校体育・スポーツ局の担当官とは、プロジェクトに従事した経験の差もあり、新しい体育を受け入れることが難しい状況にあった。

そんな状況ではあったが、新しい体育を浸透させていくためには、教員

養成と現職教員への研修の一貫性を確立し、統一された体育教育のシステムを構築していくことが不可欠であった。そのため、教員養成と現職教員への研修の両方に関与する、国立体育・スポーツ研究所の知識や経験も尊重しながらのプロジェクト遂行が求められたのである。

カンボジアオリジナルに

パイリンで驚かされたのは、国立体育・スポーツ研究所のネットワークの広さである。国立体育・スポーツ研究所は唯一の中・高体育教員養成機関であることから、学校に教員として配置されているすべての卒業生を知っている。教育省の機関でもあることから、教員たちは彼らを尊敬・信頼していた。

2015年2月に実施した本邦研修には、教育省スポーツ総局長であるオーク・セティチエット閣下、国立体育・スポーツ研究所の所長であるテアム・アンケーラー氏らが参加。筑波大学岡出美則教授（当時）の紹介で日本の中学校現場を視察し、文部科学省の高橋修一教科調査官から日本の中学校体育の現状を聞くことができた。

また、岡山県を訪問し、小学校・中学校の視察、岡山大学の原講師による講義を受けた。特に国立体育・スポーツ研究所関係者は、初めて日本の体育がどのように教えられているかを実際の現場を見て確認できたことで、体育をカンボジアで普及させたいという意識が芽生えていった。そして、どのように中学校の学習指導要領作成を進めるかが大きな課題として浮上した。

3月には原講師がカンボジアを訪問し、3日間の中学校体育の学習指導要領をどのような方向性で作成するかを議論するワークショップを開催した。学習指導要領を作成することだけが目的ではなく、「カンボジアの10年後、20年後を考えた時にスポーツがどのように発展してほしいか（図8）」「小学校の学習指導要領の目標を踏まえたうえで体育を通じて児童が何を学

べるのか」「小学校の内容を踏まえてどのような種目を中学校では取り組むべきなのか」を、グループワークを中心に教育省担当官から意見を抽出することをメインとしたワークショップが組まれた。

　結果、自分たちの言葉でカンボジアの未来の体育を考え、日本の体育の仕組みや考え方を参考にし、カンボジアの小学校の体育の内容やこれからのカンボジアのスポーツのあり方を踏まえた"カンボジアオリジナルの学習指導要領"を作成していこうということで合意がなされた。

　3カ月の調査プロジェクト報告書では、中学校の学習指導要領を作成するための中央委員会、執行委員会、技術委員会を設置することで具体的に動ける体制を構築することを教育省に提案し、調査プロジェクトは終了した。すぐに学習指導要領作成のプロジェクトが開始できれば良かったが、次プロジェクトの申請・承認には時間がかかり、4月から9月までは事業が開始できず、中学校体育科の学習指導要領作成のプロジェクトが開始されたのは、2015年10月に入ってからだった。

図8　中学校体育科学習指導要領を検討するための原講師の資料（一部）
　　　（原、2015）

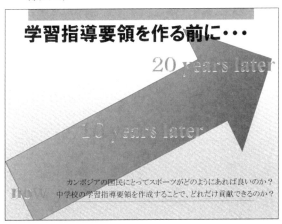

2節：限られた時間の中で

タイ・シンガポール研修

　調査プロジェクトが終了した後、2015年4月以降、スポーツ・フォー・トゥモローの事業を担当していた日本スポーツ振興センターと、実際の学習指導要領作成支援事業の相談を続けていった。しかし、戦略的二国間国際貢献事業自体が新しいスキームであったため、プロジェクトの開始は大幅に遅れた。同年10月にようやく着手できたものの期限が2016年12月までと決まっていたため、限られた時間内に学習指導要領を完成まで持っていくのは困難であった。

　学習指導要領作成支援事業では、日本の体育システムだけでなく、近隣諸国の体育の実情も見たうえでカンボジアの体育をどうするかを考えてもらうため、タイ・シンガポール研修を導入した。岡出教授に紹介してもらい、タイのシーナカリンウィロート大学、体育研究所、基礎教育委員会、3つの中学校を訪問した。

　シンガポールでは、国立教育研究所、南洋理工大学を訪問した。ここでは、特に21世紀型教育と呼ばれる「非認知能力（想像力、思考力、コミュニケーション能力等）」育成が教育として導入されており、カンボジアの教育全体もシンガポールの教育を元に定められていることや、体育も21世紀型教育の一環として、体育特有の授業の中で教えられることがあることを学んだ。

　また、体育と保健の位置づけ、体育だけではなく他教科も教えられる人材が育成されていること、学習指導要領を作成しても学校現場での導入がなかなか難しいことなどを学んだ。カンボジアで学習指導要領を作成する際には、実際の学校まで着実に届けたいという教育省担当官の想いを確認できたことも収穫だった。

　学習指導要領作成にあたっては、岡出美則教授が紹介してくれたUNESCOの「Quality Physical Education」の考えが、目標や内容を

考えていくうえでの柱になった。2015年の体育・身体活動・スポーツに関する国際憲章では、「体育・身体活動・スポーツの実践は、すべての人の基本的権利である」とされ、身体活動が加えられたことにより、日常生活の運動に対しても体育・スポーツと同様に人々の権利として保証されることが記載されている（UNESCO、2015）。

また、「Quality Physical Education - Guidelines for Policy Makers」（UNESCO、2015）では、良質の体育を確立していくために、「安全管理、インクルージョン、フィジカルリテラシーを核として提供すること、それを実現さ

図9　包括的で質の高い体育の特徴

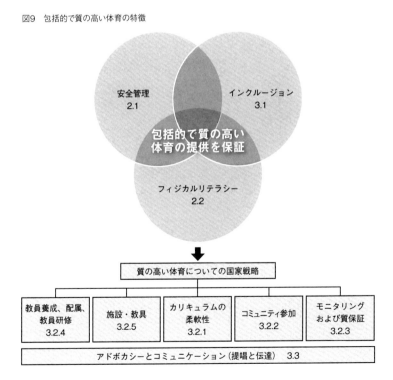

せるために国家戦略に沿った、教員養成、施設・教具、カリキュラムの柔
軟性、コミュニティ参加、モニタリングおよび質保証の発展が必要」で、ア
ドボカシーとコミュニケーションを取って進めていくことが提案されている
（UNESCO、2015）。

ワークショップを繰り返す

　実際には、学習指導要領草案を作成するため7回の「学習指導要領
作成ワークショップ」、その間に作成した草案をもとにバッタンバン州・スヴァ
イリエン州の先生方に体育の授業を試行してもらう「体育ワークショップ」を、
各州で2回ずつ実施するという作業を繰り返した。何より難しかったのが、
学習指導要領の内容を種目別で担当者をおいて、種目ごとにドラフトを作成
してもらったため、種目間での一貫性が取れないことであった。

　2016年8月10日から13日の、桐蔭横浜大学の佐藤豊教授を招聘しての
ワークショップでは、態度・知識・技能・協調性の目標の書き方、項目の統
一等が図られた。例えば、技能であれば「～できる」、知識であれば「～
を理解する」というように、生徒たちが達成することが期待されることを学習
指導要領の目標として明確に記載するようになった。これまでバラバラであっ
た記載が、ワークショップを通じ、書き方の事例やルールが策定され、一貫
性の取れた書きぶりになっていく様子は正に圧巻であった。

　タイのシーナカリンウィロート大学のスプラニー・クワンブーンチャン准教授
にもカンボジアを訪問していただき、フィジカルリテラシーの講義・実践も行っ
た。国立体育・スポーツ研究所の教員は、体育の授業の実践方法につい
ても少しずつ新しい知識を吸収しながら成長していった。カリキュラムの認定
には、教育省内の承認手続きに2～3カ月かかるため、2016年10月の最
終ドラフトの完成を目指していたが、10月末の時点でも全体として統一の取
れた学習指導要領は完成しなかった。

ハート・オブ・ゴールドを信じる

　最後のワークショップにおいて、その統一性をどのように確保するかの確認を行った。筆者から、「今のままでは学習指導要領は完成しない。12月までの完成をあきらめ、2017年以降教育省として作成を継続するか、統一性の確認作業をハート・オブ・ゴールドに任せるか、どちらか検討してほしい」と話を進めた。

　この提案の背景には、教育省側は学習指導要領の作成を遅らせたくないだろうとの算段があった。なぜなら、学校体育・スポーツ局の年間計画にも組み込まれていたこと、遅らせたところで学習指導要領のバラバラな記載を揃えていく戦略に関して、教育省側からなかなかアイデアが出ないのではないかと考えていたからだ。案の定、学校体育・スポーツ局および国立体育・スポーツ研究所の担当官から、教育省として2016年中の完成を計画しているので、最後の統一作業はハート・オブ・ゴールドにお願いしたいということになった。

　こうして筆者は、教育省担当官が作成したドラフトを修正し、英語版での最終校正を行い、プロジェクト・オフィサーのケオ・ソチェトラがそれを翻訳するという作業が夜を徹して行われた。11月中旬にはようやく認定作業が開始され、カリキュラム開発局との調整が行われた。

　2016年12月19日に教育省ハン・チュオン・ナロン大臣により認定され、同月21日に「カンボジア中学校体育科教育学習指導要領認定式」が、ハン・チュオン・ナロン大臣、日本国文部科学省義家弘介副大臣、在カンボジア日本国大使館堀之内秀久特命全権大使、日本スポーツ振興センタースポーツ・フォー・トゥモロー・コンソーシアム 河原工ディレクター、JICAカンボジア事務所安達一所長、筑波大学体育系岡出美則教授、特定非営利活動法人 ハート・オブ・ゴールド代表理事の有森裕子らが出席して開催された。

カンボジア中学校体育学習指導要領認定式（2016年12月21日）

3節：中学校学習指導要領が完成

教育史上に残る仕事

　カンボジア中学校体育の学習指導要領の完成は、単に学習指導要領ができたというだけでなく、スポーツ・フォー・トゥモロー事業による日本の学習指導要領作成支援の丁寧さ、SDGsへの貢献という点でインパクトを世界に与えた。

　2016年12月21日に行われた完成式典に出席した教育省のハン・チュオン・ナロン大臣は、以下のように挨拶した。

　　この大変めでたい中学校体育科教育学習指導要領認定式にあたり、教育省、教職員の皆さん、そして本学習指導要領・指導書の裨益者である200万人の小学生、30万人の中学生の皆さんに代わって、日本国文部科学副大臣、在カンボジア日本国特命全権大使、JICAカンボジア事務所長、日本スポーツ振興センター　スポーツ・フォー・トゥモロー・コンソーシアム ディレ

クター、特定非営利活動法人ハート・オブ・ゴールド代表理事に対し、心からの御礼を申し上げます。

　特に、本事業にかかわった教育省とハート・オブ・ゴールドのスタッフの皆さんには、カンボジア全土で承認され実施されるべき体育科教育学習指導要領の作成過程において、強い責任感を持って、互いに協力して困難を乗り越え、それぞれの職務を全うし、カンボジアの教育史上に残る仕事を成し遂げられました。

　また、義家副大臣は、体育カリキュラムの策定支援事業ではカンボジアが初の成功例であることを強調した。カンボジアで長く活動をしてきたハート・オブ・ゴールドと教育省との信頼関係、学習指導要領が学校現場で教員に利用されるよう構成されたワークショップ等の内容が、しっかりと現れたプロジェクトであったと確信していると述べた。

SDGsへの貢献も

　2017年にロシアのカザンで開催された「第6回ユネスコ スポーツ・体育担当大臣等国際会議（MINEPS Ⅵ）」において、当時の文部科学大臣であった松野博一大臣は、「SDGsの目標 4 の「包摂的かつ公平で質の高い教育の提供」に関し、カンボジアでの体育カリキュラム策定支援などの事例を紹介」している（文部科学省、2017）[2]。

　中学校学習指導要領で制定された中学校体育科教育の目標は以下のとおりである。

　2015年にカリキュラム・フレームワークが制定され、教育全体の目標は「知識・技能・態度」となっていたが、中学校学習指導要領完成の段階

---

2) https://www.mext.go.jp/sports/b_menu/shingi/014_index/shiryo/__icsFiles/
afieldfile/2017/09/11/1395318_8.pdf?msclkid=31336443d11611ec8a00d7f7b4c377ea

表10　中学校体育科学習指導要領目標

資質	中学校
知識	生徒は、生涯にわたり、スポーツと身体活動に参加するために、体育の各活動を実施するのに必要な知識を学び、想像力を活かしながら、問題を熟考し、分析し、解決するためにそれらの知識を活用する。
技能	生徒は、自身の成長の段階・能力を鑑み、スポーツと身体活動を楽しむための適切な技能を身につけ、戦術や適切なストラテジーを発揮することができる。
態度	生徒は、スポーツと身体活動に対して、前向きな態度を見出し、育成し、それらのスポーツと身体活動に積極的に参加し、健全で豊かな日々の生活を営む態度を養う。
協調性	生徒は、自身の成長の段階・能力を理解し、役割と責任を担い、アイデアを共有し、友達とスポーツと身体活動を楽しむ。

では3つの資質能力に落とし込むことはできておらず、小学校から引き継いだ、「態度・知識・技能・協調性」が資質目標として制定された。協調性は態度の中で個人の部分（態度）と社会性の部分（協調性）に統合できると考えられ、その後も学習指導要領制作側から教育省に対する説明では、「知識・技能・態度」の目標にも一貫して考えられると説明している。

　このように、多くの苦労を乗り越えて完成した中学校の体育科学習指導要領ではあるが、完成がゴールではなく、完成後各学校で新しい体育が教えられ、生徒たちが「態度・知識・技能・協調性」を学べること、そうした流れが教育省を中心として自立して行えることが目標だと考えた。ハート・オブ・ゴールドはすぐに次の目標に向けて2017年1月より、草の根技術協力事業「カンボジア王国 中学校体育科教育指導書作成支援・普及プロジェクト」を開始する。

中学校体育科学習指導要領
出所：中学校体育科学習指導要領（MoEYS、2016）

4節：動き始めた中学校体育

小学校と同じでいいのか

　カンボジアの場合、小学校と中学校の体育は日本同様に教員の役割に
違いがある。小学校の場合は1人の教員が全教科を教えるが、中学校の
場合は専科の教員がいる。体育教員はプノンペンに唯一ある「国立体育・
スポーツ研究所」の2年制課程で育成されている。

　また生徒についても、小学校と中学校では変化が生じてくる。中学生に
なると自我が芽生え始め、自分の意見を主張するようになる。自分で物事を
考えられるようになり、判断や表現をする。この点が小学生と中学生では大
きく異なる。もちろん学習指導要領・指導書にも、この点を踏まえた発展的
な内容が必要になる。

　教員養成課程、教員の教える体制、生徒の発達状況が異なるため、当
然中学校の学習指導要領では、小学校とは異なる内容の指導戦略が求
められた。生徒たちが考える体育授業となり、専科の教員がいるという状況

を踏まえ、小学校の体育での達成状況を鑑みた内容にし、高等学校の体育へとつながる内容とする。さらに普及を見据え、専門的に体育を学んでこなかった現職教員でも使いやすい学習指導要領とすることが求められた。

ボカタオ、ペタンクを追加

　中学校の学習指導要領でも、小学校と同様の目標、すなわち「態度、知識、技能、協調性」が設定された。また、教える種目も小学校での6

表11　中学校体育科学習指導要領 領域表

領域カテゴリー	領域		中学1年		中学2年		中学3年	
			種目	時数	種目	時数	種目	時数
I. 非競争/ 自己と他者	フィジカル・ フィットネス		レクリエーション	6	レクリエーション	6	レクリエーション	6
			体力テスト		体力テスト		体力テスト	
	リズム運動		クメール体操	8	エアロビクス	8	創作ダンス	8
II. 非競争/ 文化 & 伝統	伝統スポーツ / 国際スポーツ		ボカタオ	8	ボカタオ	8	ボカタオ	8
			ペタンク	6*	ペタンク	6*	ペタンク	6*
III. クローズド スキル / 挑戦	陸上		走	8	跳	8	投	8
	器械体操		マット運動	8	鉄棒運動	8	平均台運動	8
	水泳		水指導	2	水指導	2	水指導	2
			クロール	6*	クロール	6*	平泳ぎ	6*
IV. オープンスキル/ 戦術、合意	球技	侵略型	サッカー	8	サッカー	8	サッカー	8
			バスケットボール	8	バスケットボール	8	バスケットボール	8
		ネット型	バレーボール	8	バレーボール	8	バレーボール	8
		その他	卓球	6*	卓球	6*	卓球	6*
合計時数				70		70		70

＊学校は3つの種目の中から1つの種目を選択する。
出所：カンボジア王国 中学校体育科教育学習指導要領より引用（MoEYS、2016）

種目（陸上、器械体操、リズム運動、サッカー、バスケットボール、バレーボール）に体力測定が継続種目として設定され、加えてより多くの種目を経験できるようにするため、カンボジアの伝統武道ボカタオ、ペタンク、卓球、水泳といった種目が追加された。表11は、カンボジア中学校体育科教育学習指導要領の種目領域表である。

　ボカタオに関しては、当時UNESCOの無形文化遺産への登録を計画していたナショナル・オリンピック委員会のヴァット・チョムラン氏から電話があり、ぜひ体育の学習指導要領に入れてもらいたいという依頼を受けた。その時は筆者の一存では決められないと伝えた。学校体育・スポーツ局および国立体育・スポーツ研究所の担当官と協議した際、彼らから、推挙の意見が出なければ入れられないと危惧していたが、伝統スポーツとして知名度の高いボカタオはワーキンググループからも当然推挙され、学習指導要領に盛り込むことが決定した。ボカタオはその後、2023年にUNESCOの無形文化遺産に認定されたことを考えると、中学校の学習指導要領に入ったことが認定の一助になったのではないかと考える。

水泳は選択種目

　水泳に関しても実際の学校での授業が難しいため、学習指導要領に入れることが危惧された。教育省側からは、水難事故の多いカンボジアで泳げる人材を育てることで、水難事故の犠牲者を減らしたいという要望があったが、実際の導入は難しいのではないかと疑問を投げかけた。それでもどうしても導入したいという意思が固く、教育省側が譲らなかったため、学習指導要領にいれると、どのような形であれば実施が可能なのかを検討し、必須種目ではなく選択種目として導入した。日本の場合、選択種目では同系統の種目の中からの選択となるが、実施可能性を考慮して、水泳とペタンクのどちらかを選択するという体裁に落ち着いた。

　中学校の体育教員の中には、小学校では6種目に加え体力測定の内容

を教えれば良かったものが、中学校になると7領域20種目という数の内容を学び教えなければいけないことに不安を覚えていた。しかし、国立体育・スポーツ研究所の卒業生である現職教員は小学校の教員に比べると意欲は高かった。

　国立体育・スポーツ研究所のプレアップ・ブッティアラー氏は、「日本での研修やワークショップを通して学ぶ中で体育とは何か、スポーツとは何かが理解できるようになった。そして、現場の先生が、年間計画や指導案の作り方も含めて、わかりやすく、使いやすい学習指導要領・指導書づくりに努めた」と話す。学校体育・スポーツ局のメンバーとの意見の違いがあるものの、子どもたちが体育を通じて「態度・知識・技能・協調性」を学べるよう、全員が心を1つにして学習指導要領の作成に取り組んだ。

5節：指導書の作成

読みやすく、利用しやすい指導書を

　中学校体育の指導書は、今まで「新しい体育」について学んでいない教員でもわかる簡単な内容で、年間計画、単元計画、指導案を作成しやすいものにすることを目指した。2016年12月に承認された学習指導要領に基づいて、2017年から開始した草の根技術協力事業「カンボジア王国 中学校体育科教育指導書作成支援・普及プロジェクト」で指導書の作成に着手した。プロジェクト全体の計画は図12のように構成されている。

　中学校体育の実施・普及のための基盤構築を目標に、3段階①人材育成、②体育科教員のための指導書の作成、③普及基盤の確立のために3州（プノンペン都、バッタンバン州、スヴァイリエン州）への新しい体育の導入を計画した。

　人材育成については、まずは教育省の人材として、小学校を踏襲して中学校版のナショナル・トレーナーの育成を目指した。小学校と異なるのは、学校体育・スポーツ局6名だけでなく、国立体育・スポーツ研究所の

図12　カンボジア王国 中学校体育科教育指導書作成・普及支援プロジェクトの解説図

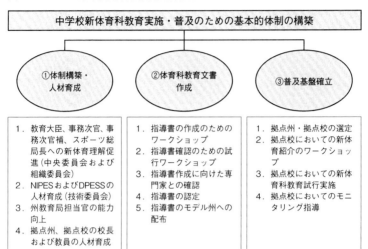

出所：カンボジア王国 中学校体育科教育指導書作成支援・普及プロジェクト申請書より引用（HG、2015）

職員も6名入れ、合計12名で構成したことだった。その12名がハート・オブ・ゴールドと共にワークショップを計画し、指導書の作成を進めるのと合わせ、ドラフトを実際にプノンペン都、バッタンバン州、スヴァイリエン州に持ち込んだ。そして、現職の中学校教員が指導書をもとに年間計画・単元計画・指導案を作成できるのか、指導案に基づきどのような授業が実践されるのかに関し、模擬授業のモニタリングを通じて、教員の理解を確認していった。

　指導書は、種目ごとに学校体育・スポーツ局および国立体育・スポーツ研究所の担当官を分け、作成を進めた。担当官ごとに内容がばらばらにならないよう、①歴史、②目的、③単元計画、④学習成果、⑤評価基準、⑥指導案の内容といった項目を決め、それに従い記述していった。このように学習指導要領作成時の課題と経験を、指導書作成に活かしていった。

学習指導要領との一貫性の確保

　項目は決まっていても書きぶりや長さなどが異なってくるため、内容を確認し、修正を加えた。案ができた段階で実際にプノンペン都、バッタンバン州、スヴァイリエン州において教員に活用してもらい、実際に単元計画や指導案が書けるかを確認し、理解が難しい場合には、さらに修正を加えていった。

　指導案を書く際には、例えばサッカーの場合は8時間の授業が計画されているが、指導案の内容から1時間目の授業で目標を態度、協調性とした場合、どこから情報を取ればよいかを分かりやすくした。教員は基本的にパズルのように指導書に記載の内容を選択し、指導案に記載していくことで、指導案が完成できるようにした。問題はどこの記述を取ってくるかであった。何時間目の授業で目標が何である場合、指導書のどの内容を指導案に記載するかをクイズのように問いかけ、それに答えてもらうことで理解が進み、教員たちは指導案を簡単に作成できるようになった。

　また、指導案の内容はすべてサンプルであることの説明を加え、将来的に生徒の学びになるのであれば修正を加えても問題ないことを注記することで教員たちの授業実践での柔軟度を高めた。

　教員は一度理解すると後は簡単に指導案が作成できる。作成できるようになった教員は、自分が理解できていることに自信を持ち、ワークショップ中に理解できない教員へ教え始めた。体育の授業や他の授業でもそうだが、「分かる」ということは自信につながる。一度分かると楽しくなり、他の教員に教えることができる。この楽しくなるということが普及をさらに加速させることになる。このようにして、ナショナル・トレーナーと教員が協力して新しい体育の理解を深めていったのである。

　2019年9月16日、中学校の体育科指導書は教育省により認定された。小学校のように、学習指導要領には保健領域や水泳が入っているのに、指導書にはそれらが入っていないというような矛盾もなく、一貫性の取れた内容での完成となった。カンボジア教育全体の中では目標が「知識・技能・

中学校体育科指導書
出所：中学校体育科指導書（MoEYS、2019）

態度」と設定されている中、中学校では「協調性」という小学校からの資質目標を引き継いだ内容となった。

　これで、新しく作成された指導書を用いた新しい体育の導入のスタート地点にやっと立つことができた。

6節：中学校への導入

　中学校の体育の普及は、2015年のプロジェクト立案当初はコンポンチャム州を加えた4州で計画していたが、最終的にはプノンペン都、バッタンバン州、スヴァイリエン州の3都・州で計画することになった。

　プノンペン都が選ばれたのは、教育大臣からの要望もあり、首都でしっかりと体育が実施されること、他国からの視察等が来た際にプノンペンの学校を視察できるようにすることなどの理由による。バッタンバン州とスヴァイリエン州では過去に小学校段階でJICA草の根技術協力事業を実施しており、ナショナル・トレーナーが州教育局との関係性が良いことで選定された。コンポンチャム州は小学校では過去のプロジェクトは導入されておらず、こう

した小学校での未導入州ではどのような普及手法が可能かを探る意味で当初対象州に入っていたが、活動が広範にわたること、予算的な制約等から3都・州に決定した。

3都・州のうち特に導入が難しかったのがプノンペン都である。プノンペン都は教育大臣の指定により、シソワット中学校、ボントラバエク中学校、ボンケンコン中学校の3校が対象校に設定された。ワークショップを実施し、年間計画・単元計画・指導案等の説明を行い、実際に作成できるようになった。

日本とは異なり、カンボジアの教員は副業をすることが可能であり、プノンペン都の教員のほとんどが副業を持っている。トゥクトゥク（三輪タクシー）の運転手をしていたり、家で日用品を販売したり、プライベートスクールでスポーツを教えていたりと、いろいろな教員がいる。学校が午前と午後の2部制であるカンボジアでは、午前中に学校で体育を教え午後は副業をする教員が多い。副業はやればやるほど稼げるためどうしてもそちらに力が入る。新しい体育も7領域20種目の内容を覚え、子どもたちが多くのことを学べるようになっても教員の収入向上にはつながらないため、教育に情熱を持っている教員以外は新しい体育を取り組むメリットがそこまで感じられない。

また、プノンペンの学校の場合は1校に複数名の体育教員がいるため、そのメンバーを導く校長や主任のリーダーシップがとても重要になる。カンボジアの教育全体としては、理数科教育やクメール語が重要視されている中で、体育科の導入を他教科同様、熱心に取り組んでくれるよう管理職の理解を促すのは難しかった。ワークショップは朝8時から休憩をはさみ、夕方17時まで実施するため、途中で抜けてしまう教員が多いのもプノンペンの特徴である。

一方、バッタンバン州とスヴァイリエン州の場合は状況が異なる。バッタンバン州では14校、スヴァイリエン州は10校を対象にワークショップ、モニタリングを実施した。3日間のワークショップで、参加者は年間計画・単元計

画・指導案の書き方をスムーズに習得することができた。ここで新しい体育の導入が効率的に成功したバサック中学校という学校を紹介する。

コラム④　ソブントゥーン先生の卓球台

　スヴァイリエン州のバサック中学校には、リッチ・ソブントゥーン先生という体育教員がいる。彼は他の学校の教員と同様、ハート・オブ・ゴールドと教育省が主催した体育のワークショップに参加した。2回目のワークショップに参加した時には、今までの体育と新しい体育について理解し、自分の学校への導入を図った。参加したワークショップの内容についてもしっかりとカン・サバン校長に報告している。カン・サバン校長はスポーツが好きで、本人も体育は大好きな教科とのことで、もう1人の体育教員と協力し、新しい体育の導入を率先して進めた。

　リッチ・ソブントゥーン先生は学習指導要領や指導書、ワークショップから学んだことを忠実に導入した。フィジカル・フィットネスに含まれている体力測定も、生徒用記録シートへの記録も行い、1年目に生徒の体

リッチ・ソブントゥーン先生が作成した卓球台とラケット

リッチ・ソブントゥーン先生の卓球の授業の様子

力測定結果が作成された。加えて卓球も導入が必要と考えたが教具がなく、学校にある黒板や机を使って卓球台やラケットを製作した。

　筆者がモニタリングに行った際には、リッチ・ソブントゥーン先生があるもので創意工夫して教具を製作しようとする発想に大変驚いた。しかも当たり前のようにそれを話してくれた。卓球の授業では多くの生徒が同時に参加できていなかったが、このような熱心な先生が教える授業は生徒たちにとっては正に学びの宝庫である。順番をしっかり守り、友だちの成功を喜び、こんなに楽しんでいる生徒たちを見た授業は初めてであった。

　リッチ・ソブントゥーン先生は、体育教員として、教育省が制定した新しい体育を導入することは自分の使命であり、当たり前のこと、他の学校の先生も困っていることがあれば、協力したいと話しており、正に教員の鏡である。

　ハート・オブ・ゴールドは後日、プロジェクトとは別で藤沢ロータリーク

建設された雨天体育施設の譲渡式で実施されたバレーボール授業の様子

ラブや大光電機からいただいた支援により、バサック中学校に雨天体育施設を建設した。

第5章

自立への助走

1節：高等学校の学習指導要領

中学校とほぼ同じ内容

　中学校の学習指導要領を作成した後、カンボジア教育省は独自での高等学校の体育科学習指導要領の作成を開始した。

　学校体育・スポーツ局副局長のマン・ヴィボル氏は、ハート・オブ・ゴールドの協力を求めつつ、独自予算で進めることが決定したと話してくれた。2018年に東京で、2019年には岡山での研修を実施し、ハート・オブ・ゴールドのスタッフも教育省予算で招聘されている。マン・ヴィボル氏には小学校と中学校の経験があったため、高等学校においても同様のワークショップや内容で学習指導要領の作成が進められ、2018年7月に一度認定された。

　ハート・オブ・ゴールドとしては、本邦研修等、学校体育・スポーツ局側から要望があれば調整・確認はしたが、内容については基本的に彼らの自主性を尊重することにした。後日、完成したものを見せてもらったところ、中学校の学習指導要領との違いはほとんどない状況であった。なかでも態度や知識の目標は中学校と同様で、種目に多少変更があるのみで、ハンドボールが増えていることぐらいしか違いがなかった。

　学校体育・スポーツ局が独自で作成したことはずばらしいが、小学校・中学校と発展的に進めてきた体育科教育が、高等学校と中学校がほぼ同じ内容ということに焦りを感じ、筆者はスポーツ総局長のオーク・セティチエット氏に直訴しに行った。すぐに学校体育・スポーツ局と国立体育・スポーツ研究所を呼んでの協議が設定された。

　協議の席で私は、小・中と発展的に体育の学習指導要領を整備してきたが、高等学校の学習指導要領は中学校とほぼ同じ内容で発展性がないことを指摘した。せっかく小学校では生徒たちがいろいろな運動に親しむことができ、中学校でもいろいろなスポーツを経験できるようになってきたので、高等学校では生徒たちがより自立し、自主的にスポーツに参加できるよう内容を再検討するよう求めた。

プロジェクトの予算は取れていなかったが、ハート・オブ・ゴールドが介入する意義とその価値は非常に高かった。小・中と発展的に構成された体育システムを高等学校の体育でどのように設計するか、高校卒業後にスポーツが子どもたちにどのように理解されるのか、成人後に彼らがどのようにスポーツと向き合っていくのかを考えるうえで重要な介入になると考えたからだ。このような経緯があり、ハート・オブ・ゴールドも協力して、2019年、高等学校体育科の学習指導要領は改訂された。

一石二鳥の改訂案

　改訂の依頼に際し、筆者には1つの算段があった。教育省はスポーツ政策として、2つの柱を立てていた。1つは2023年に開催される東南アジア競技大会（SEA Games）および東南アジアパラ競技大会（ASEAN Para Games）でメダルをたくさんとること、もう1つはカンボジア国民一人ひとりが成人した際に、1人1つのスポーツに親しめるようになるということである。中学校では教員の指導の下、いろいろなスポーツに取り組める機会を創出しているが、高校生になると生徒は自分たちで企画したり、練習方法を工夫

高等学校体育科学習指導要領
出所：高等学校体育科学習指導要領（MoEYS、2019）

したり、より自分の考えを主張したりできるようになる。それが実現できる発展
的な体育を高等学校で取り入れることにより、前述2つの目標のどちらにも寄
与できると考えたのだ。そして、どちらの内容も盛り込むよう教育省担当者と
話をした。教育省の政策に沿った体育の内容にすることはスポーツ総局とし
ても歓迎すべきことであることから、一旦は承認されたものでありながらも改
訂を認めてくれた。

　高等学校体育科の目標は表13のように制定された。

　カンボジアでの教育制度の下、高等学校は成人する前の最終的な段階
であり、高等学校では、生徒たちが自ら各種目の中で課題を見つけて解決
していく課題解決型の目標が設定されている。また、技能も戦術や高等技
能といった、より高次な能力が発揮できるようになる。態度は、中学校での
態度と協調性を統合し、将来的にスポーツに対する愛好的な態度を育成す
ること、友だちと協力してスポーツ活動・身体活動に取り組むこととした。

　体育科教育の普及は、直接的には東南アジア競技大会、東南アジアパ

表13　高等学校体育科学習指導要領目標

資質	高等学校
知識	生徒は、生涯にわたり、スポーツと身体活動に参加するために、体育の各活動に参加するための発展的知識を身につけ、知識と想像力を活かし、課題を見つけ、論理的に分析し、課題解決のために知識を適用する。
技能	生徒は、自身の成長の段階・能力を鑑み、スポーツと身体活動を楽しむための高等技能を身につけ、高等技能、手法、戦術や適切なストラテジーを発展的に発揮することができる。
態度	生徒は、スポーツと身体活動に対し、高い前向きな態度を見出し、育成する。特に自身の能力に挑戦するため、好きなスポーツに対しての前向きな態度を育成する。生徒は、スポーツの重要性に気づき、スポーツと身体活動に対し、高い価値を見出す。また、生徒は、個人的および友達と一緒に、協力的かつ責任を持って、それぞれのスポーツおよび身体活動に参加し、健全で豊かな日々の生活を営む態度を養う。

図14　体育の制度設計

・何を目指すか、そのために何をするか。

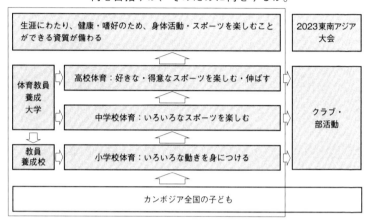

ラ競技大会でのメダル獲得にはつながらないものの、政府関係者、教育省関係者への興味は大変高いものがある。体育により生徒たちのスポーツへの意識を高めることは、スポーツ技術の向上にも肯定的な貢献があると考えられた。そこで筆者は、体育科教育支援とカンボジアのスポーツ政策を俯瞰（かん）して考え、図14のような全体図を作成し、教育大臣、事務次官、事務次官補、スポーツ総局長等に説明した。

承認後の再修正に取り組む

　図14で「カンボジア全国の子ども」と示されているように、すべての子どもたちが学校へ通えることは前提条件と考えている。小学校はいろいろな動きを身につける時期、中学校はいろいろなスポーツを楽しむ時期、高等学校は好きで得意なスポーツを楽しむ・伸ばす時期である。高等学校を卒業した後には、生涯にわたり健康・嗜好のため、身体活動・スポーツを楽し

める資質が備わることを目標とした。これにより政府が掲げる「国民一人ひとりが成人した後に少なくとも1つのスポーツに取り組めるという目標を達成できる」と説明した。

　高等学校の体育は、中学校の体育から発展させる必要があること、中学校の学習指導要領と目標を同じにし、種目のみを変更するのでは発展性が無いことを力説したうえで、一度承認された高等学校の学習指導要領を再度修正する作業に教育省と共に取り組んだ。ハート・オブ・ゴールドは草の根技術協力事業や他スキームの予算が取れていなかったため、プロジェクトとしてはこの修正作業は実施できなかったが、2018・19年と2年連続で学校体育・スポーツ局の予算で本邦研修を実施できたこと、ワークショップの予算も学校体育・スポーツ局の予算で補填できたことは修正作業を進めるうえで大きかった。

　すでに2015年に制定されている学習指導要領枠組が認識され、教育全体の目標として「知識・技能・態度」が明確化されていたことから、「協調性」を「態度」に組み入れて整理した。また、卒業後はスポーツに自主的に取り組むことができるような、生徒が自主的に考え、取り組んでいけるような内容となっている。種目についても生徒のニーズや学校の状況に合わせ、体育教員が選択して種目を選べるような体裁にした。

　中学校では、例えば陸上競技では、中学校1年で走、2年で跳、3年で投と分けていたものを、高校1〜3年で走跳投を自分たちで選んだり、同時に走跳投を1クラスで実施できるような設計になっている。その分、体育教員は場づくりを考えねばならないが、生徒が自主的にそれぞれの運動に取り組むことでより多くの生徒が運動に取り組む時間が確保でき、少ない教具の中でもより多くの生徒が自主的に異なる種目に参加できるようになった。高等学校の領域表は表15のとおりである。

　各領域間で時間数は定められているものの、種目間では、「等」という言葉を付け加え、領域表にない種目（クリケットやコーフボールといったニュー

表15　領域表：高校学校

領域カテゴリー	領域		高校1年		高校2年		高校3年	
			種目	時数	種目	時数	種目	時数
I. 非競争／自己と他者	フィジカル・フィットネス		レクリエーション	6	レクリエーション	6	レクリエーション	6
			体力テスト		体力テスト		体力テスト	
	リズム運動		ダンス	10	ダンス	10	ダンス	10
II. 非競争／文化＆伝統	伝統スポーツ／国際スポーツ		ボカタオ、ペタンク、テコンドー、空手等	16*1	ボカタオ、ペタンク、テコンドー、空手等	16*1	ボカタオ、ペタンク、テコンドー、空手等	16*1
III. クローズドスキル／挑戦	陸上		陸上	10	陸上	10	陸上	10
	器械体操		器械体操	10	器械体操	10	器械体操	10
	水泳		水泳	8*1	水泳	8*1	水泳	8*1
IV. オープンスキル／戦術、合意	球技	侵略型	サッカー、バスケットボール、ハンドボール、ラグビー等	18*2	サッカー、バスケットボール、ハンドボール、ラグビー等	18*2	サッカー、バスケットボール、ハンドボール、ラグビー等	18*2
		ネット型	バレーボール卓球テニス等		バレーボール卓球テニス等		バレーボール卓球テニス等	
		その他	野球ソフトボール等		野球ソフトボール等	6*	野球ソフトボール等	
合計時数				70		70		70

＊1 学校は指定された種目から2つの種目を選択する。
＊2 学校は侵入型、ネット型、その他の2つのカテゴリーから2つの種目を選択する。

スポーツを含む）が実施できるようになっている。これにより、学校体育で扱われる種目が限定されない作りになっており、いろいろなスポーツを導入できる可能性を残している。

　一方で課題としては、このような新しい体育を普及していくことにある。中学校では種目の内容等が決められていたことにより、現職教員が取り組むうえでは、比較的簡潔でシンプルなデザインとなっている。教員はどの学年の

どの領域を教えるか分かっていれば、指導書の中から適切なページを見つけ、そこから探し出すことができる。一方で、高等学校の学習指導要領では、適切なページを見つけた後に自分で考えて、どのように実施していくかを指導案に起こして、教えていく必要がある。そういった点では、普及に多少時間がかかることが予想された。

　加えて、カンボジア体育科教育の自立普及のためには、学校体育・スポーツ局が予算を確保し、活動ができるようになってきたことにより、現職教員に対するイン・サービス研修は進められるが、中学校・高校の教員養成をしているプレ・サービス機関、国立体育・スポーツ研究所へのアプローチも重要となる。加えて、小学校の教員は全国18州にある州教員養成校で育成されているため、そのカリキュラム上で体育の指導ができるように組み込んでいくこと、国立体育・スポーツ研究所の学生たちが中高の学習指導要領の内容を理解し、体育の教員になる彼らの生徒たちに教えていくことが重要である。

自立へのステップが進む

　2019年にJICAで教員養成大学の技術協力プロジェクトを実施していた高橋光治氏から連絡があった。小学校の教員養成について4年制のカリキュラムを作成しているが、体育科に長年携わってきたハート・オブ・ゴールドに話を聞きたいということであった。その時、ちょうどカンボジアを訪問していた日本体育大学の岡出美則教授も同席のうえ、現状について話をした。

　当時の案では第4学年に2単位の体育の授業があり、それに加えて、単位にはならないが毎週2時間のフィジカル・エクササイズの授業が考えられているということだった。毎年1単位のフィジカル・エクササイズをしているうえに、第4学年で小学校の学習指導要領や指導書の内容、年間計画、単元計画、指導案の書き方を学ぶのでは、なかなか小学校での体育の授業が教えるようにはならない。そこで、第4学年の体育2単位を第1学年に

移行してもらった。

　第1学年で小学校の学習指導要領や指導書の内容、年間計画、単元計画、指導案の書き方を学び、作成する年間計画・単元計画・指導案を活用しながら、毎年1単位のフィジカル・エクササイズで体育の授業を実践することで、体育授業の実践も経験できると考えたのである。その後、何度か教員養成大学のプロジェクトでワークショップには参加したが、現在では学校体育・スポーツ局が独自で小学校教員養成の体育科指導書を作成するまでに至っている。

　国立体育・スポーツ研究所への支援は後に2019年からハート・オブ・ゴールドが関与することになるが、自立へのステップは着実に進んでおり、今までに築いてきた人間関係も含め、まだまだ一緒にやっていきたいという想いがある一方で、このような教育省独自の取り組みを聞くことはうれしくもあり、彼らの自立していく姿を大変誇らしく思っている。

2節：「PE for All」プロジェクト

一貫した高い質で学びたい

　中学校体育のプノンペン都、バッタンバン州、スヴァイリエン州での普及事業が終了に近づいた2020年9月、後継案件の模索が必要となった。小学校では3期の事業を実施したが、中学校体育において小学校体育で取り組んだような事業の提案をするにはあまりにも発展性が無かった。また、高等学校の学習指導要領作成も支援したことから、小・中・高とすべての段階での取り組みが必要であると感じられた。

　そこで2019年12月、小学校から高等学校まで一貫した高い質で学ぶ「Physical Education for All」プロジェクト（以下、「PE for All」プロジェクト）を草の根技術協力事業として応募した。小学校ではフェーズ2で5州に普及し、フェーズ3で15州へと拡大した。一方、各州では教員養成校1校と2〜3校の小学校までの普及にとどまっており、これではPE for

図16　体育科教育普及支援活動マップ

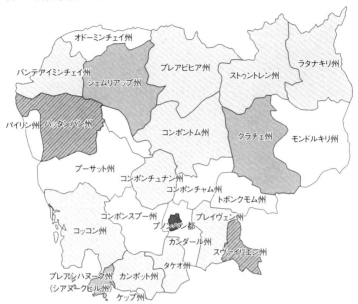

対象校
小学校：33校
（2021～　1074校）
教員養成校：13校
中学校：263校
高等学校：88校
大学：1校

対象校のうち
研究指定校

小学校：29校
教員養成校：10校

小学校生徒数：31,535人
小学校教員数：　1,059人
PTTC生徒数：　3,158人
PTTC教員数：　　 24人
中学校生徒数：17,655人
中学校教員数：　1,046人
NIPES教員数：　　 65人
NIPES生徒数：　　175人 *
*2年生150名、3年生20名

2009～2012　小学校体育普及地域拠点5州（JICA草の根）

2013～2016　小学校体育普及新規導入10州（JICA草の根）

2017～2020　中学校体育普及対象1都・2州
2021～2025　小・中・高体育普及対象1都・2州

2019～　国立体育スポーツ研究所4年制大学化

図17　プロジェクトイメージ図
（小学校から高等学校まで一貫した高い質で学ぶ「Physical Education for All」プロジェクト）

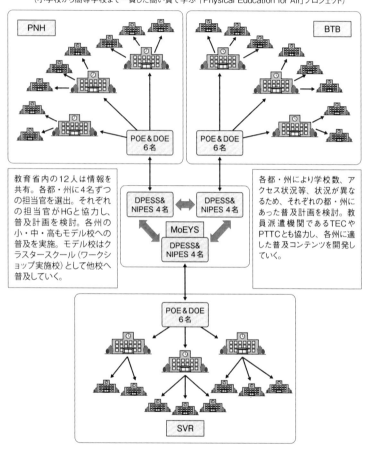

PNH

POE & DOE
6名

教育省内の12人は情報を共有。各都・州に4名ずつの担当官を選出。それぞれの担当官がHGと協力し、普及計画を検討。各州の小・中・高もモデル校への普及を実施。モデル校はクラスタースクール（ワークショップ実施校）として他校へ普及していく。

BTB

POE & DOE
6名

各都・州により学校数、アクセス状況等、状況が異なるため、それぞれの都・州にあった普及計画を検討。教員派遣機関であるTECやPTTCとも協力し、各州に適した普及コンテンツを開発していく。

DPESS&
NIPES 4名 ⇔ DPESS&
NIPES 4名

MoEYS
DPESS&
NIPES 4名

POE & DOE
6名

SVR

【略語解説】
PNH：プノンペン
BTB：バッタンバン
SVR：スヴァイリエン
POE：州教育局
DOE：郡教育局

DPESS：学校体育・スポーツ局
NIPES：国立体育・スポーツ研究所
MoEYS：教育・青年・スポーツ省
HG：ハート・オブ・ゴールド
TEC：教員養成大学
PTTC：州教員養成校

出所：「小学校から高等学校まで一貫した高い質で学ぶ
『Physical Education for All』プロジェクト」申請書より引用

Allのカンボジア全国への普及は難しいと考えた。そこで本プロジェクトでは、対象州を3州と少なくし、その代わり対象都・州のすべての小・中・高に新しい体育を普及していくことにした。応募は無事採択され、2021年2月1日より事業を開始することができた。

このプロジェクトでは、図17のように、1都・2州にそれぞれ学校体育・スポーツ局、国立体育・スポーツ研究所から4名ずつを、各都・州から6名を担当官として配置し、普及計画の作成、ワークショップやモニタリングを進めてもらう計画を立てた。今までのプロジェクトでは、州・郡教育局がワークショップやモニタリングで役割がなかったため、具体的に普及計画の作成、評価シートを利用したモニタリングを実践してもらい、主体性を持ってもらうことに焦点を当てることにした。

コロナの感染拡大で中断の危機

このような計画で事業が開始したが、開始直後にカンボジア国内でコロナウイルスの感染拡大という最大の困難に直面する。これにより、学校が閉鎖されるという追い打ちを受けた。学校が開校されていない中で体育の普及をすることは不可能であった。学校体育・スポーツ局および国立体育・スポーツ研究所とも協議を重ねた結果、事業を中断するのではなく、作成途中段階であった高等学校の指導書を、オンライン会議等を活用し作成するという活動へ変更をした。

高等学校の学習指導要領は2019年に認定されたが、中学校の内容からさらに教員が生徒のニーズに従い自由に種目を選択できるようになった。例えば器械体操であれば、中学校では、1年生でマット運動、2年生で鉄棒運動、3年生で平均台運動と決められていたが、高等学校では、1年生から3年生で器械体操のみ記載している。

高等学校になると生徒は、器械体操の中でどのような種目に取り組みたいかを自分たちで決め、同時に複数の種目を実施することもできるようにな

る。マット運動、鉄棒運動、平均台運動を同時に実施することも可能だ。学校現場では教具が限られるため、同時に3つの種目を実施できることにより、待っている生徒が減るというメリットもある。生徒は自分たちで計画して学習内容を検討し、教員は生徒たちをサポートするという立場に回る。もちろんつまずきの克服方法が分からない生徒もいることから、教員はそのような生徒へ適切なアドバイスができるよう、より柔軟性を持って生徒の指導にあたるという高度な技術が必要になった。

　種目についても、中学までのように決められたものだけでなく、「その他」と記載することにより、例えば教員が得意なスポーツがある場合、空手やテコンドー、ラグビーや野球といった種目も教えることが可能になる。これにより高等学校の体育ではより広範な種目選択が可能となった。

　指導書作成にあたっては、コロナ禍のため活動が休止せざるを得ない状況となり一時帰国していた海外協力隊や元隊員、大学の先生等、合計14名の方にも協力をいただいた。最初に説明会を開き、どの種目を担当したいかを確認していった。学校体育・スポーツ局および国立体育・スポーツ研究所の担当官と分担し、種目の決定、種目ごとの作成を進めていった。

　対面で会うことができず、かといってすべてオンラインで進めることは難し

高等学校体育科指導書

出所：高等学校体育科指導書（MoEYS、2021）

かった。合計7回のワークショップをオンラインで実施し、それぞれ上がって
きた内容について種目間での整合性をとったものが、2021年11月8日、教
育大臣により認定された（左写真）。

3節：海外協力隊員の活躍

小林美育さんの話

ここで、指導書作成に携わった海外協力隊員の話を紹介しよう。小林美
育さんはバッタンバン州のネットヨン高等学校で体育隊員として活動して
いた。

　　カンボジアに赴任して3カ月、カウンターパートとも信頼関係を築くことができ
　始め、「よし、何かやるぞ」という時だった。コロナウイルス感染拡大の影響
　で日本に帰国しなければならなくなってしまい、一度帰国してしまうといつ戻れる
　か分からない不安で気持ちが落ち込んでいた。ただ、日本に帰国したとしても
　カウンターパートと連絡が取れさえすれば、カンボジアに戻った時にプラスにな
　るようなことができると考えた。

　　例えば、カンボジアには鉄棒がない。なかなか実践を見せることができな
　いので、日本の公園にある鉄棒を使って逆上がりをしている動画を送るとか、
　体育につながることから日常的なことまでカウンターパートの先生とやり取りをし
　ていた。そんな時、ハート・オブ・ゴールドから高等学校の指導書作成に携わ
　らないかと提案があった。実際に携わったのはカンボジアに帰国してからだった
　が、主に体づくり運動とサッカーを担当した。

　　海外協力隊で現場を見ていたので、環境が日本とはまったく違うことや、ボー
　ルもなく地面もぼこぼこという条件の中でどのような体育ができるかを意識して
　考えた。現地の環境をより分かったうえで指導書の作成に携われたことで、現
　場の声をより多く届けることができた。

　　また、指導書案ができたとき、どういうところが難しいかを直接カウンターパー

トに聞くことができたことも良かった。例えば、文字よりも絵や図が多いほうが使いやすいなど、直接指導書を活用するカンボジアの先生の意見を聞けたことは大変役に立った。現場の先生たちは難しい内容に感じたようだが、5年後、10年後にある程度理解できるようになった先生たちがさらに使えるように、レベルはそのくらいであるべきなのかなと感じた。教育省の方々とのミーティングにも参加させていただき、彼らの熱意に大変驚き、刺激を受けたことがとても印象に残っている。

　他にも、マットを配属先の学校に届けたり、モニタリングの際にハート・オブ・ゴールドの人と会って現状を聞いたり、話をしたりできた。赴任して1～2週間でハート・オブ・ゴールドのケオ・ソチェトラさんに会った時、日本の体育に感銘を受け、カンボジアの子どもたちにも日本のような体育を届けたいと言われていたことがとても印象に残っている。協力隊の派遣期間終了後、2022年に岡山に本邦研修で来ていたカンボジアの人たちと久々に再会できたのも良

JICA海外協力隊後に再会できた小林さん（後列左から5番目）とカウンターパートのボウイ・リダさん（後列左から4番目）（2019年）

い思い出だ。

　カンボジアの体育は、学習指導要領が日本のものを参考に作成されている。現場にいると、彼らにとっては何もかもが新しいことで、すごくみんなが楽しそうにやっている体育だと感じた。

　筆者も海外協力隊OBである。協力隊の2年間が終了した後、自分たちの活動がどのように続いているのか、どうなったのかは大変気になるところである。現地で体育にかかわった海外協力隊の方たちに、勤務した学校や同僚の教員がどのような活動をしていて、引き続き体育の実践・普及に取り組んでいることを伝えられることは大変うれしいことである。

山崎鉄平さんの話

　プノンペン都のボントラバエク中学校で体育隊員として活動予定であった山崎鉄平さんは、コロナウイルス拡大の影響で派遣が延期になったため、しばらく日本で待機していた。待機期間はカウンターパートの方との連絡手段がなかったため、活動よりも語学力のブラッシュアップなどに取り組んだ。カンボジアに行けないとなった時はだいぶ落ち込み、3月の派遣予定が5月になり、さらに延期になったときには、本当に派遣されるのかどうか不安が膨らんでいった。

　指導書の作成の話は、カンボジアに派遣されることがようやくでき、現地での活動が始まったのと同じタイミングで持ち上がった。自分は体操競技を担当したが、もともとカンボジアは体育の授業が始まったのが日本に比べても遅かったので、技能がそこまで高くないと予想していた。そのため、日本の教科内容、種目を全部持っていっても難しいと感じていた。

　例えば鉄棒でも、日本の高校の指導書には難易度の高い技が書いてあるが、難しい技は日本の高校生でも難しいので、難易度の高すぎるものは入れ

ない方が良いと思っていた。実際、カンボジアでの活動が始まった際はまだ体育の授業が再開していなかったため、指導書について学校の先生とは話す機会はあまり持てなかった。

　指導書の作成においては、日本の体育の教員の目線だけではなく、現地でそのスポーツを長くやってこられた人の経験を参考に、また教員ではないがさまざまなバックグラウンドを持つ方々が体育に携わっていたので、彼らから多くのことを学べた。協力隊に応募する前は、日本で教員を2年やっていた。現地での体育授業の指導の時は、おおざっぱに教えるのではなく、日本の授業でもやっている模範授業や模範演技を見せたり、日本の教員の経験を活かしたりすることができた。

　カンボジアでは昔から体育の教育課程がしっかりしていなかったというのがすごく衝撃的で、途上国だとこんな感じで体育授業がつくられていくのかとすごく勉強になった。本当にさまざまな人がかかわって授業をつくっていくのかと感心した。また、カンボジアの教員はあまり紙を見る習慣がないため、今後さらに体育の授業を普及させていくには、動画などがあればわかりやすいと提案した。

　体力テストの時に長座体前屈の動画をYouTubeで見せると、先生はその動画をシェアしてくれたり、より分かろうとしてくれたりするのでとても便利に感じた。動画に加えて「ポイントはこれ！」というように、重要な点を説明する文章をつけるとより良くなるのではないかと感じた。反復横跳びの場合など、体育の先生が教えられなくても動画を見せることで理解してくれるはずだ。授業の前日に練習したり、ほかの先生にも説明してくれるなど、担当の先生は積極的になってくれた。

　任期中はほかの州の体育隊員とも情報交換した。バッタンバンでは、とてもしっかり体育の授業が行われていて驚いた。自分の任地はプノンペンだったが、地方でもしっかりやっているのは大きな刺激になった。首都のプノンペンだから体育が進んでいるのではなく、各学校によってそれぞれの普及度が異な

研究授業ワークショップにおいて、模擬授業を実践するJICA海外協力隊 山崎さん

ると感じた。

　協力隊としての活動が１年経ったころ、思った以上にカンボジアの教育を理解していない自分を不安に思い、体育教育について突き詰めるための大学院進学を考えるようになった。日本に帰り現在は常勤で教員をしているが、ホームルームの始めにカンボジアで働いていたと自己紹介すると、日本の子どもたちがカンボジアの地雷のことや、途上国でもこれだけ発展していることを、とても興味深く聞いてくれたことが嬉しかった。

　カンボジアの子どもたちは、日本に行きたい、中国に行きたいなど、外に出てみたいとやりたいことがたくさんあるが、日本の子どもたちは、自分の国が恵まれすぎていて、あまり外に目が向かないのかもしれない。今後はカンボジアの体育について大学院でもっと学び、カンボジアで学んだことを日本でも取り入れられないか模索している。

山崎さんのようにJICA海外協力隊の経験が次の進路につながるような

ケースもあり、その後、ハート・オブ・ゴールドの活動ともつながっていくのではないかと考える。カンボジア関係者間でも、海外協力隊の方たちでもそうだが、体育コミュニティがこのように広がってきている。

4節：コロナ禍の功罪

教育局に主体性が芽生える

　コロナ禍はハート・オブ・ゴールドの活動にも大きな影響を与えた。PE for Allプロジェクトでスヴァイリエン州を担当しているスタッフであるヴォン・ヴィライは、オンラインでの活動で新しい技能を身につけたという。指導書作成の際にはワークショップの司会や通訳、ファシリテーターといった役割を任され、直接会えない分、ナショナル・トレーナーにも頻繁に連絡を取り内容を確認していった。

　2021年12月にワークショップが再開できるようになり、バッタンバン州で最初に開催した際には、教育省担当官やハート・オブ・ゴールドスタッフがコロナに感染してしまった。次から次に起こる不測の事態に柔軟性を持って取り組まなければならなかったが、こうした問題を一つひとつ乗り越えることでスタッフはどんどん頼もしさを増していった。

　高等学校の指導書は本来、学校体育・スポーツ局が独自に作成する予定であったが、コロナ禍での軌道修正により、プロジェクト活動に盛り込み、内容の確認を行うことができた。一方、印刷については学校体育・スポーツ局が全額予算を確保しており、徐々に持続性を担保してきていることが分かる。

　高等学校の指導書は2021年10月に完成し、同年11月8日に教育大臣の承認が取り付けられた。また、ほぼ同時に2022年1月からの学校再開も確定した。このプロジェクトは今までとは異なり、都・州・郡の教育局が中心となって普及計画を作成し、イニシアティブをとって普及を進めることを目指した。1年目の2021 〜 22年度は、プノンペン都、バッタンバン州、スヴァ

イリエン州の都・州・郡の教育局がそれぞれの州を4～5郡に分け、プロジェクト予算に基づいてワークショップおよびモニタリングを実施した。

　これまでのプロジェクトでは、場所の提供を中心にしていた都・州・郡教育局が、「新しい体育」を普及するためにはどのようにモニタリングを実施するか、誰をワークショップに招待するかなどを真剣に考え、主体性を持って、普及を進めた。特にスヴァイリエン州では、翌年の2022～23年度の予算として州独自の予算を確保し、モニタリングを実施できるようになった。プロジェクトは2025年1月まで残り1年間、カンボジアの「新しい体育」の普及のモデルが確立し、他の州にも波及していくことを大いに期待したい。

体育の授業を楽しむ子どもたち

　スヴァイリエン州教育局の体育・スポーツ局長、コン・ティットコマ氏は、今までのプロジェクトの対象は5校程度で、州教育局としても5校への普及を対象に考えていた。他の学校は視野から外していたが、今の「PE for All」プロジェクトではスヴァイリエン州、すべての小中高が対象になっている。そのため、州教育局としてもそのゴールを達成できるようにできる限りの努力をしたいと説明してくれた。

　州教育局としては、体育授業のモニタリング予算とスポーツのモニタリング予算として、2,000万リエル（$5,000）の予算を確保した。そのうち2023年は1,500万リエル（$3,750）を使い、スヴァイリエンの1市、6郡のモニタリングを実施した。12人の州教育局担当官がモニタリングを実施し、まだまだすべての学校が新しい体育を実施できているという状況ではないが、プロジェクトで利用している評価シートを活用して報告書を作成して、提出している。

　コン・ティットコマ氏は、個人的にはプロジェクト期間中の2025年1月までにスヴァイリエン州の全小・中・高等学校のうち目標の50％の普及を達成できるかは正直分からないというが、できる限りの努力をしたいと強い思いを

語ってくれた。目標値を達成するためにも学校体育・スポーツ局が年3回の
ワークショップ等を増やしてくれると、さらに達成の可能性は高まるという。新
しい体育を受けている子どもたちは体育の授業を楽しんでおり、多くの子ど
もたちから体育の授業を5分伸ばしてほしいといった要望も出るくらいだとい
う。

　学校では、先生も生徒も体育のユニフォームを着て授業を実施するように
なった。クサエ小学校の先生は高齢で、今までワークショップにも参加した
ことがなく、体育の先生でもないが、体育の授業ではサッカーやバレーボー
ルを40分間一生懸命教えている。来年もこのような状況を把握できるために
もモニタリングを継続していく予定とのこと。体育の普及が思ったように進ん
でおらず申し訳ないと思っているが、一生懸命努力をしていくと最後に強く
語ったことを大変うれしく思う。

　コン・ティットコマ氏とのインタビュー後、筆者は謝る必要はないと伝えた。
そして、プロジェクト期間中に目標が達成されることがベストではあるが、た

スヴァイリエン州で進んでいる新しい体育の普及

とえ目標が達成できなくても、彼のような意欲・モチベーションをもって、体育を普及する姿はスヴァイリエン中の小・中・高に伝わり、強いられる体育ではなく、自分たちで体育の価値を理解し体育の実施、普及に取り組んでくれる学校が増えるだろうと伝えた。岡出美則教授の話している体育のコミュニティとはこのようなコミュニティなのだろうと改めて感じた瞬間であった。

可能性50%のスヴァイリエン州

　前述のハート・オブ・ゴールドスタッフのヴォン・ヴィライは、ワークショップやモニタリングによりスヴァイリエン州のすべての小・中・高に対しての体育が普及できる可能性は、50%あると感じている。予算が確保されており、直近で実施したババット市でのモニタリングの中でも郡教育局が自らモニタリングを実施し、体育普及を進めてくれることを約束してくれている。州・郡教育局と話をする際には、こちらから体育の普及を強要するのではなく、モチベーションを高めるように話しかけることで自立心が芽生えているそうだ。

　スポーツ普及（スポーツ大会の実施等）に注力している中、スポーツへの意識を体育普及への意識に移行させることはなかなか難しい。しかし、体育普及によりスポーツ大会での選手選考等へ影響を与え、スヴァイリエン州のスポーツ普及にもつながるという話し方で、スポーツ普及に意識を持たせつつも体育普及へシフトしていくという話し方の工夫もしている。なかなか意識の変容を求めることが難しい中、プロジェクトに組み込まれている本邦研修は大きなインセンティブになっており、頑張って体育普及を進めることで日本に行ける可能性があるということは、州・郡教育局担当官、校長、教員にとって、モチベーションの向上につながっている。

　質・量ともに体育の普及を進めていくことはなかなか難しい。質を求めると少数の学校に対してのワークショップやモニタリングが大変効率的であるとのことだが、その分、普及学校数は増えないことが懸念される。スヴァイリエン州はハート・オブ・ゴールドのプロジェクトで設定している普及率50%

という目標を達成したいという気持ちを強く持っているが、それぞれの学校での体育授業の質も意識してプロジェクトに取り組んでいきたいと考えている。

普及が難しいプノンペン都

　スヴァイリエンと比較し、普及が難しいのがプノンペン都である。プノンペン都の普及を担当する、ハート・オブ・ゴールドスタッフのモム・チャンマリーは、プノンペン都での体育普及の難しさとして、学校の校長が都・郡教育局の話をなかなか聞いてくれないこと、ワークショップやモニタリングの際には学校での普及を進めると話すが、実際には普及を進めてくれないことをあげる。その理由として、プノンペンの校長は都・郡教育局担当官より職位の高い事務次官や事務次官補等と会う機会が多く、都・郡の教育局担当官の話では、役職的に話を聞いてくれないことにあるという。より普及を進めていくためには、事務次官や事務次官補がモニタリングに来てくれたり、大臣に体育普及の状況が伝えられたりすると良いという提案が出された。

　プノンペン都のすべての小・中・高の50%に新しい体育を普及できるかとの質問に対しては、モム・チャンマリーは今のままではなかなか難しいという回答だった。特に中学校・高等学校が難しいとのことで、ナショナル・トレーナーの話では、そもそも体育の評価シートの内容が厳しすぎるのではないかと議論をし、もともと教員養成のタイミングで新しい体育を学んでいない教員に対して難しすぎる内容で評価するのは現実的ではなく、評価シートの改善を考えた方が良いのではないかとのことであった。

　プロジェクトが進んでいく中、普及が加速する可能性も感じているようで、本邦研修に参加したバックトゥック小学校の教頭が中心になり、公開授業を独自で開催したという好事例も生まれた。ハート・オブ・ゴールドの職員も授業に招待され、どのように普及が進むかについてコメントを出した。このような取り組みが増えることで郡独自や学校独自で体育普及の動きが出てくることは大いに期待できる。

　彼女は現在の体育の状況について、自分が学生時代だった頃に比べて、着実に発展しているという。体育は他教科に比べると校長や教員の興味を引くのが難しく、他教科のように学習指導要領に基づいて教えられていなかった。さらに保護者も子どもにとって重要な教科の指導を学校側に求めていたため、体育に意識が行かなかった。このような状況の中、ハート・オブ・ゴールドの継続した取り組みにより、都・州・郡教育局の理解が深まり、少しずつ新しい体育が普及してきていることを感じている。今後さらなる普及を進めていくには、システマチックに普及を進めていく必要があり、そのためにも学校体育・スポーツ局や国立体育・スポーツ研究所が大きな役割を果たすと考えている。

　プノンペン都、バッタンバン州、スヴァイリエン州の体育普及について共通している点としては、新しい体育の情報について説明をし、年間計画、単

ペタンクをするスヴァイリエンの中学校の体育授業の様子

馬跳びをするスヴァイリエンの小学校の体育授業の様子

元計画、指導案を作成することができるようになるワークショップの実施が重要であるとのことであった。一方ですべての学校の教員に対してワークショップを実施することはプロジェクトの中では難しく、各都・郡で予算確保ができるようになることを切に願う。

　もう1点、校長の体育に対する理解が体育普及を進めるうえでは極めて重要となる。どんなに教員がやる気になっても、校長が学校として体育の普及を率先して進めないと教員もやる気をなくし、普及が進まないのである。この点、学校体育・スポーツ局は早く気づいており、2016年に小学校の第3フェーズが終了した後、独自予算で校長に対しての研修を実施している。

　2025年1月まで続く「PE for All」プロジェクトは今も継続中だが、各都・州・郡が独自で普及を進める動きが出ていることはとても重要なことである。自分たちが自覚をもって、普及計画を作成し、プロジェクトでは全小・中・高の50%まで普及させるという高い目標を示したことで、彼らのやらなければならないことが明確になっているのではないかと考える。それぞれの州

において競争と協力のバランスをうまく保ちながら3都・州が切磋琢磨し新しい体育の普及を進めることを、今後も全力でサポートしていきたいと考えている。

コラム⑤　体育が変わった

　JICA PE for Allプロジェクトでは、対象プノンペン都、バッタンバン州、スヴァイリエン州の3州にそれぞれハート・オブ・ゴールドの担当者を置いた。プノンペン都はモム・チャンマリー、バッタンバン州はコン・シヴレン、スヴァイリエンはヴォン・ヴィライといずれも20代前半の女性スタッフである。

　若い世代の人たちはポルポト時代を知らない。その子たちにカンボジアの体育がどのように変わったのかを聞いてみた。

　「私が小学生の頃は毎週1時間クメール体操をしていました。校長が全生徒を国旗掲揚塔の周りに呼んで、みんなで同じ動きをしていました。終わった後には、来週も同じ動きをするので覚えておくようにと言われたことを覚えています。中学校と高校では運動（三段跳び）をするか、お金を払うかと聞かれました。私は当時体育の価値も分からず自信もなかったため、お金を払うことを選びました。多くの他の生徒も同じように払っていました（ヴォン・ヴィライ）」

　新しい体育が導入された後は、仲間と話をしたり、アイデアをシェアしたり、仲間を助けたり、応援したりできるようになっていることが、彼女が生徒だった時に比べて、生徒たちが大きく変化した点だと言う。

　モム・チャンマリーは新しい体育の導入後、子どもたちはより熱心に、参画的に、積極的になっていると感じている。

　「グループワークでは生徒たちが意見やアイデアを交換し、友だちをサポートできるようになった。さらに、男子生徒も女子生徒も自分自身を

表現できるようになっている。一方で、女子生徒はまだまだシャイで、その理由は小学校の低学年の時から新しい体育を学んでいないためで、小学校1年からすべての子どもたちが新しい体育を学んで成長していくことを楽しみにしている（モム・チャンマリー）」

　2023年10月に岡山に研修で訪れたプノンペン都チェイチュムニア小学校のケオ・サムラ先生は、新しい体育を導入したことで生徒たちの態度が大きく変化したという。今までは、授業が始まる時も、終わる時も挨拶をしなかった子どもたちが、授業終了時に先生のところに来て、「オークン（ありがとう）」とお礼を言うようになったという。体育の授業がスポーツの知識や技能を教えるだけでなく、カンボジアの子どもたちの心を変えてきていることを表しているストーリーだと思った。また、それを新しい体育の大きな影響だと感じている先生たちが着実に育ってきていることを大変うれしく思う。

プノンペン都のチェイチュムニア小学校のケオ・サムラ教員

授業後に「Physical Education for All」のバナーを掲げる子どもたち

　プロジェクトの対象となっているプノンペン都の約163小学校、66中学校、39高等学校、バッタンバン州の649小学校、123中学校、29高等学校、スヴァイリエン州の262小学校、74中学校、20高等学校で着実にこのような新しい体育のストーリーが生まれている。実際に見に行かなくてもそれを見た若いスタッフ、実際の学校の先生たちが嬉しそうに話してくれた姿は何ものにも代えがたく、カンボジアの人たちでの新しい体育の自立的な普及がしっかりと感じられる。

　オーク・セティチエット氏とは2013年に初めて会った。私自身、2012年にカンボジアに来てまだ1年というときに、彼がスポーツ総局長に就任した。経験の浅い私を、彼は最初から信頼してくれた。もちろん、ハート・オブ・ゴールドとの長い協力関係があったからこそで、セティチエット氏は私の前任である山口拓助教と私を一緒に彼のアドバイザーに任命してくれている。顔は多少怖いのだが、話をするととても優しく笑顔の素敵な方である。

　教育省の年次協議（毎年3月開催）にもコロナ禍前までは毎年招待してくれ、ハート・オブ・ゴールドのプロジェクトを紹介する機会もいただいていた。2017年にミャンマーのネピドーで行われたASEAN体育・スポーツ大臣会合には、カンボジアからの代表者として私も招待してくれた。この会議にはASEANプラスJapanとして日本も招待されていたのだが、このような会議にカンボジア側の日本人として招待いただけたことは大変光栄であった。

　第1章でも述べたが、セティチエット氏からはポルポト時代の話を聞いたり、スポーツ・フォー・トゥモローの事業（中学校学習指導要領作成）の際には日本にも来ていただいている。彼の信頼がなければプロジェクトをここまで続けることはできなかったと断言できる。スポーツ総局長という立場にいながら、私利私欲なく体育の普及に専念していた。ポルポト時代の自分の経験を振り返り、カンボジアの子どもたちが楽しく体育の授業を受けることを望んで、プロジェクトの支援をしてくれた。

　ハート・オブ・ゴールドは、基本的に学校体育・スポーツ局や国立体育・スポーツ研究所と活動をするのだが、スポーツ総局はその2局を取りまとめているため、プロジェクトがうまくいかない時はセティチエット氏に相談することでいろいろなことが解決に向かった。JICAのPE for All事業で、学校体育・スポーツ局と国立体育・スポーツがどちらも関

係があり、ワークショップ等の開催レターをどちらの局が書くのか、手続きをするのかで、双方とも関与を渋る場面などもあったが、両局を呼んでセティチエット氏の前で説明することで収拾することができた。

　2023年8月、彼がスポーツ総局長を退いたことで、心の中に穴が開いたような心境だが、今でも私がカンボジアを訪れる際は、毎回必ず夕食を共にしている。

第 **6** 章

体育大学設立へ

1節：国立体育・スポーツ研究所の4年制大学化

カリキュラムのみが先行

　中学校・高等学校の体育科教育支援を始めた2015年以降、ハート・オブ・ゴールドは中高の体育教員養成をしている国立体育・スポーツ研究所と協力を開始した。

　2015年は中学校の学習指導要領を作成することを目的に、学習指導要領作成委員会として6名の国立体育・スポーツ研究所職員が協力して作成に取り組んだ。2017年、草の根技術協力事業で実施した中学校の新しい体育の普及事業においても同様に、6名の担当官が事業に携わり、指導書の作成や学校現場でのワークショップやモニタリングを実施した。しかし、学校現場で新しい体育を導入するプロジェクトにかかわる一方、教員養成での授業は新しい体育を教える内容にはなかなか移行していなかった。プロジェクトにかかわっていた担当官はそれを理解していたが、慣習を変えることは難しかった。

　教育全体としては、2017年から教育省は教員養成課程をそれまでの2年制から4年制に移行する教育改革に着手し始めた。その動きの中で国立体育・スポーツ研究所は2017年以降、新しい所長を置き、そのイニチアチブで、組織改革に取り組むことを決断する。まずフランスのナント大学と連携覚書を結び、ナント大学の関係者がカンボジアを1週間ほど訪問し、大学が作成したカリキュラムをカンボジア側に紹介した。そのカリキュラムを導入すれば4年制の学士コースを始められるということだった。筆者はその会議に参加したが、実際の小・中・高の体育の学習指導要領や指導書を理解した内容が盛り込まれていないカリキュラムの試行に、危機感を覚えざるを得なかった。

　学校現場でどのような体育を教えるかを把握したうえで、その内容を教えることのできる体育教員を養成することが求められているのではないか。体育だけでも難しい中、スポーツ科学やスポーツマネジメントも同時に進める

コースができるのか。国立体育・スポーツ研究所の卒業生は基本的に全員が体育教員になる。4年制のカリキュラムができるということは1つの成果となる一方、現場で教師に求められることと教員養成課程で学ぶ内容との一貫性が取れないカリキュラムになるのではないか、今までのプロジェクトでの成果が実を結ばなくなるのではないかと心配し、直接教育大臣に相談した。

ハート・オブ・ゴールドは2006年からカンボジアの体育科教育発展のために学習指導要領・指導書の作成、ワークショップやモニタリングを継続して、やっとプノンペン都やバッタンバン州、スヴァイリエン州において「知識・技能・態度」が学べる新しい体育が少しずつ普及してきた。今、まったく異なった中・高の体育教員養成カリキュラムを導入してしまうと、今までの体育普及や中・高の学習指導要領が機能しなくなると伝えたところ、これまでのプロジェクトの成果に理解のある大臣は、教育省事務次官、スポーツ総局長との協議を進めるようアドバイスをしてくれた。

国立体育・スポーツ研究所を4年制大学にする

教育省事務次官、スポーツ総局長に対しては、すでに連携協定を結ん

図18　プロジェクトイメージ図
（カンボジア王国 国立体育・スポーツ研究所体育科コース4年制 大学化プロジェクト）

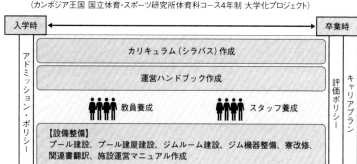

でいるナント大学との関係も反故（はんこ）にはできないため、ナント大学が作成したカリキュラムを踏まえた内容にする必要があるが、国立体育・スポーツ研究所のカリキュラム作成には慎重な態度を取る必要があることなどを説明した。同時に日本の外務省とも話を進め、2年間協議を重ねた結果、日本NGO連携無償資金協力事業として2019年1月より「カンボジア王国 国立体育・スポーツ研究所（NIPES）体育科4年制大学化プロジェクト」を開始することになった。

　プロジェクトは、国立体育・スポーツ研究所を4年制大学としてスタートさせることを目標とし、システム構築、人材育成、施設建設の3つを期待される成果として設けた。

　システム構築については、カリキュラムの作成を中心に、入学者をどのように選定するかのアドミッションポリシー、国立体育・スポーツ研究所の授業だけでなく組織運営の説明をするためのアドミニストレーションハンドブック、卒業基準を定める評価ポリシー、卒業後のキャリアを明確にするキャリアプランの作成を進めた。人材育成については、教員の育成とマネジメントスタッフの育成をワークショップや本邦研修を通じて同時に進めた。施設建設については、1年目にプール、2年目にフィットネスルームを建設し、3年目には学生寮の改修を行った。

　カリキュラムについては、カンボジア国内の教員養成プログラムと一致させるため、JICAが実施していた教員養成大学プロジェクトのカリキュラムと整合性をとる形で作成し、2019年10月に教育大臣により認定された。国立体育・スポーツ研究所の教員であるペック・コンキア氏は、プロジェクトを通じ、シラバスや単位制度について、海外の大学との標準化を意識して作成することを学んだと語る（HG、2021）。

　コンキア氏は草の根技術協力事業での体育の普及にもかかわっていたため、新しい体育で子どもたちが「知識・技能・態度」を学ぶことができるようになったことは理解していた。それをどのように教員養成段階で教える

のか、国立体育・スポーツ研究所での授業の中で教えていくのかについては、1人ではなかなか対応できず、本プロジェクトで組織的に取り組めたことに対してとても喜んでいた。

あるとき、彼女は筆者に不満を漏らした。「せっかく学校現場で新しい体育が普及してきているのに、国立体育・スポーツ研究所の先生たちは私たちが学んだことを聞いてくれない。どれだけ声を上げても国立体育・スポーツ研究所として今までの習慣を変えることができない。1人の先生が声を上げたところでなかなか授業内容全体を変えていくことは難しい」と。そのような状況を変えるために、プロジェクトが開始され、国立体育・スポーツ研究所全体のカリキュラム内容、施設体制、運営体制の改革に取り組めるようになったことは評価できると思う。

こうして、2019年1月から開始したプロジェクトでカリキュラムが作成され、いよいよこれからという期待を一身に背負った状況であったが、2020年、新型コロナウイルスの感染拡大が4年制プログラムのプロジェクトの進展にストップをかけたのである。

2節：試練のときを経て

オンライン授業に終始する

4年制のカリキュラムが作成された直後、コロナ感染症の世界的拡大の影響を受けたプロジェクトは、2020年の1年間プロジェクト活動が停滞した。街はレッドゾーン、オレンジゾーン、イエローゾーンと感染者の多い地域ごとに区画閉鎖され、外出するのも1家庭で2人まで等、街全体が制限を受ける中、国立体育・スポーツ研究所の授業もオンラインでの授業を中心とせざるを得なかった。

ただ、何もしなかったというわけではなく、アメリカ人の元看護士マルゴット・ドッズ氏によるオンラインでの衛生授業やファーストエイド（応急処置）の授業、ポルトガル人の国際コーフボール連盟会長ジョージ・アルベス氏によ

るオンラインでのニュースポーツの講義などを実施した。さらに、大使館の草の根無償資金協力を活用して、国立体育・スポーツ研究所の陸上トラックを建設するという事業申請も行った。

　コロナが落ち着いた2021年3月から2年目の事業を開始することができ、国立体育・スポーツ研究所でも徐々に通常の授業を取り戻していった。2022年には「Instructional Models for Physical Education」という体育授業の指導法の英語の本を翻訳し、カンボジアの文脈を入れ込み、「Pedagogy and Methodology of Teaching Physical Education」の教科書も作成した。また、2022年10月には、インドネシアのセマラン州立大学とタイのカセサート大学とシーナカリンウィロート大学と連携協定を締結することができた。数々の困難に直面したプロジェクトであったが、2023年2月にはプロジェクトの終了を迎えた。教科書については、1教科の教科書ができたとはいえ、国立体育・スポーツ研究所のすべての教科の教科書を作成していくには、それぞれの教員が自分で何を教えるのかを考えなければならない。15週間の授業に落とし込むためにはどのような展開にするのか、各週にどのような内容を教えるのか、自分で研究して教科書を作成していく必要がある。1教科の教科書作成でコピーライトの取得の仕方、翻訳作業等を示すことができただけで、今後はそれぞれの教員が自分たちで自立して教科書作成を進めていかなければならない。

　2023年には国立体育・スポーツ研究所の独自予算で教科書を作成するためのワークショップを実施するなど、少しずつ動き始めている。アドミニストレーション課のデイアン・ビボル氏は、「現在国立体育・スポーツ研究所には、カリキュラムがある。それを教えるためのシラバスもある。一方で、シラバスの内容を教えるための教科書がないことで先生方は教えることができず、英語ができない教員は英語での文献にもアクセスができないため、より教えることが難しくなる」という。ベトナムやタイに留学していた先生が少しずつ帰国し始めており、彼らを中心に英語文献の翻訳を進めているという。

カリキュラムは４年制になったものの、教える内容の質がすぐに向上するかというとなかなか難しい。まずは、教員の学位の問題がある。国立体育・スポーツ研究所の教員の多くは、いまだに高等教育機関で生徒を教えるのに必要な学位を取得していない状況にある。半数以上が修士、残りは少なくとも学士を取得しなければならないが、それらの基準をなかなかクリアできない状況にある。

　そんな課題を解決すべく、2022年にはインドネシアのセマラン州立大学およびタイのシーナカリンウィロート大学、カセサート大学と連携協定を締結し、国立体育・スポーツ研究所の教員が留学することで修士を取得できる関係は構築できた。今後はこの連携協定を活用してさらに多くの国立体育・スポーツ研究所の教員・学生が国外の大学で修士・博士を取れるようにしていく必要があるだろう。ほかにも、留学対象となる教員の選定と彼らの語学能力という問題がある。インドネシアであれば英語、タイであればタイ語での学習が必須になるが、語学を学習するには一定の学習期間が必要になる。

「Pedagogy and Methodology of Teaching
Physical Education」の教科書

セマラン州立大学との連携協定

カセサート大学との連携協定

さらに授業の質を高めるためのモニタリングも実施している。先日筆者が見た授業では、リズム運動でエアロビクスの授業をしていたのだが、国立体育・スポーツ研究所の学生がエアロビの動きを覚えることを学んでおり、中学校や高等学校の生徒にエアロビを教員として、どう教えるかを考えさせる授業になっていなかった。「体育の歴史」の授業でもカンボジアの体育の歴史を教えているのではなく、体育授業でICTを活用することを教えていた。このようにカリキュラムでの各教科、シラバス、授業の内容に一貫性が確保されておらず、教科名とシラバスの内容、授業の3つをそれぞれモニタリングして確認をしていくことが必要になる。

　4年制プログラムが開始された一方で、高等教育機関として認定されるためには首相が発布する政令が必要だ。この政令を取り付けた後、高等教育認証機関による審査を受けるのだが、この審査を受けるための書類の準備等も進めていかなければならない。

ICT化による支援プロジェクト

　いまだに多くの課題が残されている中、2023年3月より日本NGO連携無償資金協力事業「カンボジア王国ICT化による質の高い4年制体育教員養成大学支援プロジェクト」が開始された。

　プロジェクト・マネージャーである手束耕治が、ICTを活用し、国立体育・スポーツ研究所を発展させるための本プロジェクトの骨子を作成した。本来国立体育・スポーツ研究所をカンボジアにおいて正式に4年制大学という高等教育機関としていくためには、カンボジア教育省が制定する「National Standards for Accreditation of Higher Education Institutions」に記載のある基準をクリアしていくことが必要であり、これらの点を改善させていかなければいけない。第1期の事業でパソコンを購入していたが、なかなか国立体育・スポーツ研究所内で活用されていない状況に懸念を感じ、カンボジアにおいてのICTの状況について調べ始めた。カンボジア政府は

中・高所得国入りを目指しており、政府全体でICTを促進していくことが政策に盛り込まれている。教育分野の中でも特に中・高等学校では具体的な数値目標まで設定されており、ICTの導入が強く推奨されていた。このように特にICTを推進することが教育政策上の優先順位が高いことから、国立体育・スポーツ研究所の教職員がしっかりICTを活用できるようになることを根付かせていくことを本プロジェクトでは目指した。この骨子をもとに、高等教育機関認証委員会が設定する9つの基準と、73の指標を達成していくためにはどのような活動が可能かを検討して、図書館、国際センター、内部評価、教員養成、学生管理、卒業生支援、安全管理の7分野の発展へと落とし込んだのが図19である。

　新たに3階建ての建屋を建設し、図書館、教職員室、実験室、セミナールーム、教室、小ホール、カウンセリング・ルーム等を設置する。学生の管理、成績管理、授業資料の共有等をICTを通じて行うことで、より国立体育・スポーツ研究所における教育の質が向上することを目指す。

　教員養成については、「評価」ということが重要になる。評価をするためには、目標・計画を立てる必要がある。目標と計画に従って、PDCA（Plan, Do, Check, Action）サイクルをセメスターごと、毎年継続していくことで、目標に対して達成できたこと、達成できなかったときの課題を発見することができる。

　本プロジェクトでは、日本の大学が有するようなICTを活用した大学マネジメントシステムの導入を考えている。教員が授業の資料を提供したり、学生がポータル内でディスカッションしたり、成績を閲覧できたりするなど、すべての情報をデータベースで一元的に管理することで情報の共有化を図っていく。

図19　プロジェクトイメージ図
（カンボジア王国 ICT化による質の高い4年制体育教員養成大学支援プロジェクト）

出所：「カンボジア王国 ICT化による質の高い4年制体育教員養成大学支援プロジェクト」
プロジェクト申請書より引用

スポーツではなく「体育」の教員

　フー・シッティソピーライ前所長は、「ハート・オブ・ゴールドとの協力で4
年制の学士プログラムを立ち上げることができたこと、財政的な支援だけで
なく、技術的にも支援してくれたこと、国立体育・スポーツ研究所の状況を
とても理解しようとしてくれていることに感謝している」と語る。

　彼女自身、体育を教えることとスポーツを教えることの違いを、以前より識別できるようになり、体育の教員養成システムをどのように向上させればいいのか、ワークショップへの参加や日本から来た教授の方々と話をする機会を通じて、理解ができるようになったという。

　合わせて、カンボジアの子どもたちにとって体育の授業がいかに大切なものであるか、実感できるようになったという。自分が生徒だった時は、カンボジアの子どもたちにとって体育の重要性には気づかなかった。数学や理科などの試験に関連する科目や、キャリアに関する英語などは重要だと考えたが、子どもたちの心身の健やかな成長のための体育の重要性、役割についてはほとんど考えもしなかったという。

　彼女は今、体育についてより深く学びたいと考えており、研究を進めることも視野にいれている。国立体育・スポーツ研究所において体育の研究を進めていくことは、体育の授業の質向上だけでなく、教員養成課程の研究、カリキュラムの研究、カンボジアにおける体育の普及率の調査等、幅広い分野の発展の可能性を秘めている。

　国立体育・スポーツ研究所の体育教員養成には、現在、中学校や高校のカリキュラムと一貫性が保たれた4年制コースが設立されている。それゆえに、所属する教員は何を学生に教える必要があるのか、スポーツの教員ではなく体育の教員になるために何を身につけなければならないのかについて理解できるようになった。彼らはより理解を深め、指導方法や指導内容を工夫するようになってきたと筆者は実感している。以前彼らは、サッカーやバスケットボールなどで競争して、勝つための能力を身につけるような授業をしていたが、ワークショップやミーティングを重ねることで、スポーツの指導者ではなく体育の教員になるための指導について考えるようになった。

　初めはしばらく混乱しているように思えたが、数名の教員は、草の根技術協力事業の「PE for ALL」プロジェクトでもハート・オブ・ゴールドとともに活動し、ほかの教員たちも2019年から現在にかけてワークショップに参加し

たり、専門家の講義を受けたりすることで、彼らは以前行っていた指導は最善のものでないと考えるようになった。さまざまなスポーツの理論を用いて、子どもたちに体育を教える能力を身につけさせることが重要だということを理解し始めた。2019年から2023年の4年間で、特にこのような変化が見られるようになった。

　今後は、現在4年制のプログラムと並行して行われている2年制プログラムの単位制度化、日本やアセアン等の大学との連携強化、アセアンの体育関連大学への教員や学生の留学等、取り組むべき課題はいくつもあるが、国立体育・スポーツ研究所は世界に開かれたグローバルな体育大学を目指して着実に発展し始めている。

　体育科教育の普及の成果は、広くカンボジアの教育関係者にも影響を与えているようだ。プノンペン教員養成大学の副学長サム・チャンピールン氏は、幼いころには体育とはどのような教科かまったく理解できなかったという。小学校の時はほとんど体育の授業がなく、中学校に入って体育の授業が始まったが、ほとんどは先生に従い、身体を動かすのみ。現在では、体育の重要性について理解してきている人も増え、子どもたちも体育の授業を楽しんでいるという。

　小学校教員を輩出する教員養成大学では、学生はまだそれほど体育の授業を意識していない。とはいうものの、初等教育のカリキュラムの中にも体育の授業はある。今後4年制の教員養成課程で学士号を取得する学生にとっては、体育の授業もしっかり学んでもらえるよう進めていく必要がある。

　フー・シッティソピーライ氏とは、2019年以来プロジェクトで一緒に仕事をしてきている。彼女を一言で表わすとしたら「純粋」という言葉で説明したい。彼女自身、体育・スポーツのバックグラウンドがないことから、国立体育・スポーツ研究所の局長を務めることに不安を感じていた。しかし、国立体育・スポーツ研究所をより良い大学にしたいという想いは誰よりも強かった。いまだカンボジアには汚職や賄賂といった問題がある中、それを撲滅したい、クリーンな大学にしたいという想いが人一倍強かった。プロジェクトにおいても常に私たちを信用してくれていた。

　「自分が何も知らない」ということは、その人の向上心を高める。知らないのであれば、知るためにより学ばなければいけないし、いろいろなものを吸収しなければならない。彼女は英語学で修士を持っているが、それでも体育についても学びたい意欲が強く、研究をしたいと常々言っている。知っていて傲慢になるより、知らないでより多くのことを学びたいと思っている方がリーダーには向いていることを、私は彼女から学んだ。

　ASEAN体育・スポーツ学会に参加するためインドネシアに行った際も、彼女からは常に質問を受けていた。どのようにしたらASEAN体育・スポーツ学会のメンバーになれるのか、国立体育・スポーツ研究所ではどのように研究を始められるのか、プロジェクトで活動を継続することで国立体育・スポーツ研究所は何を達成できるのか、本邦研修には誰が行くべきかなど、質問が絶えることはなかった。質問をされると回答する必要があるため、私自身の脳も活性化される。加えてたくさんのことを吸収してくれるので、信頼されていることを感じることができた。日頃からテレグラム等のメッセージでやり取りをし、一つひとつ一緒に確認することができた。

他方、彼女は体育・スポーツのバックグラウンドがなかったことによる難しさも抱えていた。ほとんどの職員が体育・スポーツ分野出身のため、彼女の発言や考え方を受け入れられない職員もいた。局長でありながら職員から信頼されないことは彼女の自信を失わせたが、そんなことではあきらめない強い信念の持ち主である。彼女自身、局長になる際に、教育省事務次官のキム・セタニー氏より推薦を受けている。キム・セタニー氏も同じ女性として、カンボジアにおける女性の地位を高めている1人である。そのような目標とすべき人物がいたことも、彼女の大きな支えになったに違いない。

　2023年8月、国立体育・スポーツ研究所の局長職を退いたが、スポーツ副総局長として引き続きプロジェクトをサポートしてくれている。また、今からでも体育の研究をしたいと研究を進めることも意欲的に考えている。

コラム⑧　アセアンの大学と連携を図る

　2017年以降、筆者は、毎年開催されている「ASEAN Council of Physical Education and Sport（ACPES）」に定期的に参加している。この会議は、今後の国立体育・スポーツ研究所の発展に大きな影響を及ぼすと考えている。

　2015年にスポーツ・フォー・トゥモローのプロジェクトで、タイ、シンガポールでの体育の研修を視察した。その際、岡出美則教授からタイ、シーナカリンウィロート大学のスプラニー・クワンブーンチャン准教授を紹介いただいたことがきっかけで、以後この会議に参加するようになった。当時、スプラニー准教授はACPESの会長を務めており、ACPESへの参加を勧められた。デンマークやアメリカのオハイオ州の大学の先生がゲストスピーカーとして呼ばれており、いろいろなネットワークを構築

するきっかけにもなっている。

体育・スポーツ学会であるため、アセアン各国の体育やスポーツの研究の発表をする場なのだが、今後国立体育・スポーツ研究所が研究機関としても成長していくためには、このような場で国立体育・スポーツ研究所の職員や生徒が研究・発表してほしいし、修士や博士を取れるようになるためにも必要ではないかと考える。

ACPESはメンバーシップ制を取っており、正会員になると学会への登録費が安くなるなどの特典が受けられる。会員になるには、2年間5名以上の参加者を学会に参加させる必要があり、参加後も毎年学生を発表の場として送り込むことができることに加えて、学会自体の開催等もローテーションで担当する。このような場を確保することは、カンボジアにおいても体育・スポーツの関係者を集める機会になり、会議でのネットワークは共同研究プロジェクト等の可能性も生み出してくれると思う。

2023年10月にはタイのマハサラカム大学において第9回の学会が開催され、国立体育・スポーツ研究所の5名の教員を連れていった。国立体育・スポーツ研究所が国際センターを立ち上げ、彼らが中心となり、ACPESのメンバー加入やいろいろなアセアンとの大学の連携を図る日も決して遠くないと期待している。

エピローグ

「継続」も1つの国際協力の形だと思う

　ハート・オブ・ゴールド代表理事の有森裕子は、『カンボジアに体育科教育がはじまった』（ふくろう出版）の中で20年間を振り返り、「毎回問題と向き合って、とことん話し合い、コミュニケーションを大事に決してあきらめないで続けたことが、人を変え、自分も変えていったように思います」と語っている（HG, 2021）。ハート・オブ・ゴールドと教育省がカンボジアの体育科教育を小学校からスタートさせ、中学校、高等学校、さらには体育大学まで発展させることができたことは、教育省の方々とコミュニケーションをしっかり持ち、プロジェクトを継続してきたことが大きな要因である。

　筆者を含め、ハート・オブ・ゴールドのスタッフも新しい体育の普及への道のりが果てしなく遠い中、あきらめず、自分たちの役割を全うし、教育省や都・州・郡教育局、学校の校長や教員と人間関係を構築し、一緒に学びながら歩んできた。もちろん今がゴールではなく、これから自立的に、継続的に新しい体育が普及していくためにはまだ先があり、引き続きチーム一丸となって、教育省と共にカンボジアオリジナルのカンボジアに適した体育の普及を進めていきたい。

　また有森は、ハート・オブ・ゴールドがいなくてもカンボジアの方々が自立していくことが常に目指すべき目標だと話す。カンボジアの体育科教育が継続的に発展していき、カンボジアの子どもたちが体育科教育の中で「知識・技能・態度（・協調性）」を楽しく、一生懸命学び続けることが重要である。そのような体育がカンボジアの人々によって、カンボジア全国に広がっていくことを願っている。

　カンボジアにとっての「体育科教育」は、プロジェクトを開始した2006年時点では、クメール体操がメインでサッカーやバレーボールを行うといった程度であった。この18年間で、フィジカル・フィットネス、陸上、器械体操、リズム運動、伝統スポーツ/国際スポーツ、水泳、ボールゲームを通じ、「知識・技能・態度（・協調性）」を学ぶ教科としての定義がカンボジア全国

に根付き、着実に発展の歩みを進めた。

　筆者は海外協力隊でパラグアイに2年、その後、海外協力隊事務局、地球ひろば等での職務経験を経て、2012年に現職のハート・オブ・ゴールドに移ったが、カンボジアで約12年間プロジェクトを展開してきた。「国際協力」とはそもそも何かという問いには常に向き合っている。

　前述の通り、途上国の人たちが自立をしていくということは1つの理念だと感じる。一方で、ハート・オブ・ゴールドにもカンボジア人スタッフが在籍し、彼らにとってカンボジアでのプロジェクトを続けていくことは自国のために貢献することにつながる。また日本人の派遣職員も、カンボジアのカウンターパートや裨益者たちと活動をしている様子はとても楽しそうで、プロジェクトが終了し別事業に取り組むことは彼らとの活動機会が減ってしまうことになる。

　「継続する」ということは1つの国際協力の形なのではないかと思う。「発

体育の模擬授業を通じて笑顔溢れる教育・青年・スポーツ省担当官、ハート・オブ・ゴールドスタッフおよび子どもたち

展」というと常に成長していくイメージだが、ある程度発展したものを維持するということも国際協力の1つなのではないかと思う。同じことを続けていくということではなく、その中で、相手国側との関係性を築き、新しいものを生み出していくことができれば、それも1つの国際協力の形なのではないかと思う。

　UNESCOは「体育・身体活動・スポーツに関する国際憲章」に、「体育・身体活動・スポーツ」は、すべての人々が有する権利であり、「人種、ジェンダー、性的指向、言語、宗教、政治的またはその他の意見、国籍もしくは社会的出身、財産、その他一切の理由に基づく差別を受けることなく、体育・身体活動・スポーツを行う基本的な権利を持っている」と掲げている（UNESCO、2015）。
　「体育・身体活動・スポーツ」を通じて人々が学べること、そして共に成長できることを信じて、引き続きこの価値をより多くの人々に届けられるよう、活動に取り組んでいきたいと思う。

あとがき

　ハート・オブ・ゴールドは18年かけて、カンボジアの小学校から大学までの体育科教育システムの発展を支援してきた。すべて計画通りに進めてきたかというとそうではなく、運や時々のタイミングを活かし、チャンスを見つけた時には見逃さず、カンボジアの全国の子どもたちに体育を届けたいということを理念に、その時々で戦略を柔軟に立て、カンボジア教育・青年・スポーツ省との信頼関係、JICAとの継続した事業とコミュニケーション、専門家との地道な協議等を大切にしながら、プロジェクトを進めてきた。

　私自身、体育科教育が専門でもなく、2012年にカンボジアへ赴任してから、専門家の方々、カンボジアの教育省関係者や、学校の教員の方々と一緒に体育について学んできた。私が何より意識してきたのが、カンボジアの全国の子どもたち、一人ひとりに良質の体育を届け、子どもたちがカンボジア教育省の掲げる「知識・技能・態度」を身につけることだ。最近になって特に思うことがある。それは、先生方が体育を教えることを楽しんでいると子どもたちも楽しくなるということ。ワークショップやモニタリングをしても先生方の悪いところを指摘するのではなく、優れたところをほめること、教員養成を担う国立体育・スポーツ研究所については、体育を教えることが好きになる体育教員を育てること、こういったことを目指すことが、子どもたちに運動やスポーツを好きになることを教えるのに一番近道だと思う。一度好きになったことは自分で学ぶし、気づきとサポート次第で自然と向上していく。この気づきとサポートが正に教員の役割なのではないかと思う。これは子どもたちが成長していく過程に似ている。子どもたちはやりたくないことはやらない。やりたいことには一生懸命取り組む。体育の教員を育成いくこともこれと一緒なのではないかと思う。

　カンボジアでの体育普及は、体育教員養成システムについても、少しず

つではあるが自立の芽が出始めている。自分たちで予算を確保してのワークショップやモニタリングの実施、海外の大学で修士を取得した教員たちが自分たちで考えて、意見を出しながらカンボジアの体育についてより質を高くしよう、より体育を普及しようという姿勢を見ることはこれ以上ない喜びである。

　今回プロジェクト・ヒストリーを執筆することは、JICA中国の澁谷和郎課長よりお話をいただいた。本を作るということは考えもしていなかったことであるが、今までにやってきたことを書き溜められること、JICA緒方研究所からの出版として残すことでたくさんの人たちに読んでもらうことができる。私自身、2つのプロジェクトを抱えながらやることに不安を抱えていたが、いろいろな方々の支えにより最後まで書き上げられたことは大変うれしく思う。

　ここにプロジェクトを協働しているJICA、外務省、日本スポーツ振興センター、カンボジア王国教育・青年・スポーツ省、学校体育・スポーツ局、国立体育・スポーツ研究所、カンボジア全土の都・州・郡教育局の方々や、それぞれの学校で一生懸命体育を学んでくれている子どもたち、保護者の皆様にも感謝したい。

　そして、何より体育科教育の土地を耕し、種を植え、水や肥料をやってきた岡出美則氏を始めとした専門家の方々、初代ハート・オブ・ゴールド東南アジア事務所長山口拓氏、今までの本部事務局・東南アジアスタッフの方々、ハート・オブ・ゴールドの会員・支援者の皆さまに心より尊敬と感謝を申し上げます。

　また、今回の執筆に際して、多大なご協力を頂いた株式会社佐伯コミュニケーションズのスタッフの方々、JICA緒方研究所の皆さま、本書の編集に協力してくれた吉村ひかりさんはじめ、編集作業にご協力をいただいたす

べての皆さまにも感謝を申し上げたい。加えて、自分のこととなるが、カンボジアで年半分働きながら、日本でも家族と住めない中で、2人の息子を育ててくれている妻にも感謝したい。

　私たちはこれからもカンボジアで良質の体育が普及していくことを応援していきたいと考えている。加えて、この体育科教育でつながったネットワークをカンボジアだけでなく、アセアン諸国、世界にもつなげ、発信していきたいと考えている。「体育」という教科は学校の教科の1つにしか過ぎないが、カンボジアの場合はこの週2時間の授業の中に無限の可能性が含まれていると信じている。UNESCOの「体育・身体活動・スポーツに関する国際憲章」の第1条に記載されている通り、体育・身体活動・スポーツの実践は、すべての人の基本的権利である（UNESCO、2015）。スポーツを通じて平等、尊敬・尊重、感謝、問題分析力・解決力、コミュニケーション力、リーダーシップ、スポーツマンシップ等、子どもたちが社会に出た時に必要となる多くの資質を学べることができるし、各国の体育の状況を共有することで、それぞれの知見を他の国でもその国の状況に合わせながら、適用することができる。

　物事には「完璧」を達成するということは極力難しく、それが難しいがために、常に向上心を持って、これからもより多くの可能性を未来ある子どもたちに体育を通じて伝えていけるよう取り組んでいきたい。

　本書を手に取って読んでいただいた読者の皆さまに最後にお礼を申し上げます。

2024年3月　西山 直樹

参考図書

ハート・オブ・ゴールド(2010), NPO HG ブックレットシリーズ① 共に育つ – ハート・オブ・ゴールド10年の歩み -

ハート・オブ・ゴールド(2021), NPO HG ブックレットシリーズ② カンボジアに体育科教育がはじまった

Ministry of Education, Youth and Sport (2007), PE Curriculum for Primary School

Ministry of Education, Youth and Sport (2016), PE Curriculum for Lower Secondary School

Ministry of Education, Youth and Sport (2018), PE Curriculum for Upper Secondary School

Ministry of Education, Youth and Sport (2015), Curriculum Framework of General Education and Technical Education

Ministry of Education, Youth and Sport (2014), Physical Education Teachers' Manual for Primary School

Ministry of Education, Youth and Sport (2019), Physical Education Teachers' Manual for Lower Secondary School

Ministry of Education, Youth and Sport (2021), Physical Education Teachers' Manual for Upper Secondary School

National Institute of Physical Education and Sport (2019), Framework Bachelor of Arts (Physical Education) National Institute of Physical Education and Sport (NIPES)

Ministry of Education, Youth and Sport (2020), Public Education Statistics and Indicators 2019-2020

文部科学省 ,「体育の目的の具体的な内容−すべての子どもたちが身に付けるべきもの−」(2023年12月17日取得 https://www.mext.go.jp/b_menu/shingi/chukyo/chukyo0/toushin/attach/1395089.htm)

Kingdom of Cambodia (1999), Constitution of the Kingdom of Cambodia

山口拓（2012）, RECTI-PE II- PTTC reform –

UNESCO（2015）, Quality Physical Education - Guidelines for Policy Makers

スポーツ庁国際課（2017）, ユネスコスポーツ・体育担当大臣等国際会議（MINEPS
Ⅵ）報告,（2023年12月17日取得 https://www.mext.go.jp/sports/b_menu/
shingi/014_index/shiryo/__icsFiles/afieldfile/2017/09/11/1395318_8.pdf?
msclkid=31336443d11611ec8a00d7f7b4c377ea）

ハート・オブ・ゴールド（2020）,「小学校から高等学校まで一貫した高い質で学ぶ
「Physical Education for All」プロジェクト」申請書

ハート・オブ・ゴールド（2015）,「カンボジア王国 中学校体育科教育指導書作成支援・
普及プロジェクト」申請書

National Institute of Physical Education and Sport（2022）, Pedagogy and
Methodology of Teaching Physical Education

Ministry of Education, Youth and Sport (2004), Policy for Curriculum
Development 2005-2009

UNESCO（2015）, International Charter of Physical Education, Physical
Activity and Sport

略 語 一 覧

ACPES	ASEAN Council of Physical Education and Sport（アセアン体育・スポーツ学会）
ASEAN	Association of South‑East Asian Nations（東南アジア諸国連合）
ASEAN Para Games	（東南アジアパラ競技大会）
AWHM	Angkor Wat International Half Marathon（アンコールワット国際ハーフマラソン）
DPESS	Department of Physical Education and Sport for Students（学校体育・スポーツ局）
ICT	Information and Communications Technology（情報通信技術）
JICA	Japan International Cooperation Agency（国際協力機構）
MINEPS	International Conference of Ministers and Senior Officials Responsible for Physical Education and Sport（ユネスコ スポーツ・体育担当大臣等国際会議）
MoEYS	Ministry of Education, Youth and Sport（教育省）
NGO	Non-governmental Organization（非政府組織）
NIPES	National Institute of Physical Education and Sport（国立体育・スポーツ研究所）
SEA Games	Southeast Asian Games（東南アジア競技大会）
SDGs	Sustainable Development Goals（持続可能な開発目標）

[著者]

西山　直樹 (にしやま　なおき)

1980年生まれ。2004年サンディエゴ州立大学卒業。2005 ～ 12年JICA（海外協力隊/パラグアイ、青年海外協力隊事務局、地球ひろば）。2012年からNGOハート・オブ・ゴールド東南アジア事務所長。2019年から同理事。2022年日本体育大学修士号（体育科学）取得。2022年からハート・オブ・ゴールド事務局長。
2013 ～ 15年JICA草の根技術協力事業、プロジェクト・マネージャー。2015 ～ 16年戦略的二国間国際貢献事業、カンボジア王国中学校体育科教育学習指導要領作成支援事業、プロジェクト・マネージャー。2017 ～ 20年JICA草の根技術協力事業カンボジア王国 中学校体育科教育指導書作成支援・普及プロジェクト、プロジェクト・マネージャー。2019 ～ 23年日本NGO連携無償資金協力事業、カンボジア王国　国立体育・スポーツ研究所(NIPES)体育科コース4年制大学化プロジェクト、事業統括。2021年からJICA草の根技術協力事業、小学校から高等学校まで一貫した高い質で学ぶ「Physical Education for All」プロジェクト、プロジェクト・マネージャー。2023年から日本NGO連携無償資金協力事業、カンボジア王国　ICT化による質の高い4年制体育教員養成大学支援プロジェクト、事業統括。
2015年からカンボジア王国教育・青年・スポーツ省、スポーツ総局長個別顧問（オーク・セティチエット閣下、ポン・ソック閣下）。

JICAプロジェクト・ヒストリー・シリーズ

未来ある子どもたちに
「新しい体育」を
体育がつなげた仲間たちのカンボジア体育の変革

2024年3月19日　第1刷発行

著　者：西山　直樹

発行所：㈱佐伯コミュニケーションズ　出版事業部
　　　　〒151-0051 東京都渋谷区千駄ヶ谷5-29-7
　　　　TEL 03-5368-4301
　　　　FAX 03-5368-4380

編集・印刷・製本：㈱佐伯コミュニケーションズ

ISBN978-4-910089-38-6　Printed in Japan
落丁・乱丁はお取り替えいたします

JICA プロジェクト・ヒストリー　既刊書

シリーズ全巻のご案内は ☞ **https://www.jica.go.jp/jica_ri/index.html**